CONCEPT
BEER • WINE • DRINK • FOOD • BEER • WINE
BIG YELLOW TAXI
BENZİN
CAFE
BEER • WINE • DRINK • FOOD
BENZİN
WC
BBB
BIG YELLOW TAXI
BENZİN

Highlights

ISTANBUL

DIE 50 ZIELE, DIE SIE GESEHEN HABEN SOLLTEN

İSTANBUL HALK EKMEK
İSTANBUL KART
Eminönü Balık Ekmek

Highlights

ISTANBUL

Franz Marc Frei
Klio Verigou

BRUCKMANN

Kulinarische Streifzüge führen zu erhaltenen Jugendstilcafés wie dem »Yemek Kulübü« (oben), zu farbenfrohen Wochenmärkten wie jenem in Karaköy (Mitte), zu Streetfood-Ständen wie am Goldenen Horn (unten) und zu unzähligen Angeboten mehr.

Inhaltsverzeichnis

Einige Vororte und die Prinzeninseln faszinieren mit ihren stilvollen Holzvillen (oben). Interessant sind auch die islamischen Traditionen, die den Gläubigen vor dem Beten (unten) die Waschung an den Moscheebrunnen (Mitte) vorschreiben.

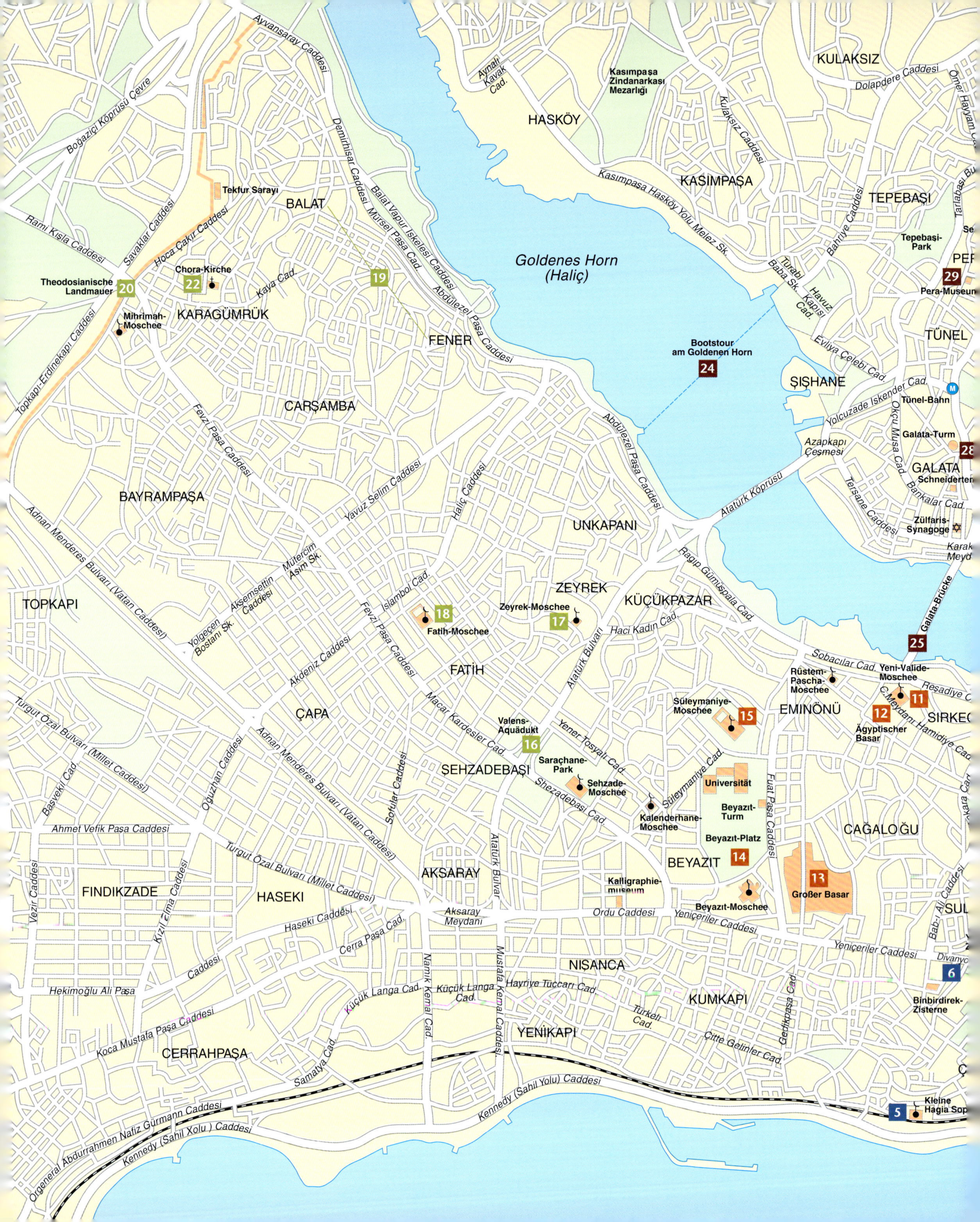

Goldenes Horn (Haliç)
BALAT
Tekfur Sarayı
Chora-Kirche
22
Theodosianische Landmauer
20
Mihrimah-Moschee
KARAGÜMRÜK
19
FENER
ÇARŞAMBA
BAYRAMPAŞA
TOPKAPI
HASKÖY
Kasımpaşa Zindanarkası Mezarlığı
KASIMPAŞA
KULAKSIZ
TEPEBAŞI
Tepebaşı-Park
29
Pera-Museum
TÜNEL
Bootstour am Goldenen Horn
24
ŞIŞHANE
Tünel-Bahn
Galata-Turm
28
GALATA
Schneidertempel
Zülfaris-Synagoge
Azapkapı Çeşmesi
Atatürk Köprüsü
Galata-Brücke
25
UNKAPANI
ZEYREK
Zeyrek-Moschee
17
KÜÇÜKPAZAR
18
Fatih-Moschee
FATİH
ÇAPA
Valens-Aquädukt
16
ŞEHZADEBAŞI
Saraçhane-Park
Şehzade-Moschee
Kalenderhane-Moschee
Süleymaniye-Moschee
15
Universität
Beyazıt-Turm
Beyazıt-Platz
14
BEYAZIT
Beyazıt-Moschee
Kalligraphie-museum
13
Großer Basar
EMİNÖNÜ
Rüstem-Pascha-Moschee
Yeni-Valide-Moschee
11
12
Ägyptischer Basar
SIRKECİ
CAĞALOĞU
6
Binbirdirek-Zisterne
5
Kleine Hagia Sophia
AKSARAY
Aksaray Meydanı
FINDIKZADE
HASEKİ
NİŞANCA
KUMKAPI
YENİKAPI
CERRAHPAŞA
Ayvansaray Caddesi
Boğaziçi Köprüsü Çevre
Rami Kışla Caddesi
Savaklar Caddesi
Hoca Çakır Caddesi
Kaya Cad.
Topkapı-Edirnekapı Caddesi
Demirhisar Caddesi
Mürsel Paşa Cad.
Balat Vapur İskelesi Caddesi
Abdülezel Paşa Caddesi
Fevzi Paşa Caddesi
Yavuz Selim Caddesi
Haliç Caddesi
Adnan Menderes Bulvarı (Vatan Caddesi)
Aksemsettin Caddesi
Mütercim Asım Sk.
Yolgeçen Bostanı Sk.
İslambol Cad.
Akdeniz Caddesi
Macar Kardeşler Cad.
Yener Tosyalı Cad.
Shezadebaşı Cad.
Atatürk Bulvarı
Hacı Kadın Cad.
Ragıp Gümüşpala Cad.
Sobacılar Cad.
Reşadiye Cad.
Hamidiye Cad.
Süleymaniye Cad.
Fuat Paşa Caddesi
Turgut Özal Bulvarı (Millet Caddesi)
Başvekil Cad.
Oğuzhan Caddesi
Sofular Caddesi
Ahmet Vefik Paşa Caddesi
Vezir Caddesi
Kızıl Elma Caddesi
Haseki Caddesi
Cerrah Paşa Cad.
Hekimoğlu Ali Paşa
Koca Mustafa Paşa Caddesi
Küçük Langa Cad.
Namık Kemal Cad.
Mustafa Kemal Caddesi
Hayriye Tüccarı Cad.
Türkeli Cad.
Çifte Gelinler Cad.
Gedikpaşa Cad.
Ordu Caddesi
Yeniçeriler Caddesi
Divanyolu
Bab-ı Ali Caddesi
Samatya Cad.
Kennedy (Sahil Yolu) Caddesi
Orgeneral Abdurrahmen Nafiz Gürmann Caddesi
Aynalı Kavak Cad.
Kasımpaşa Hasköy Yolu Melez Sk.
Kulaksız Caddesi
Dolapdere Caddesi
Bahriye Caddesi
Turabi Baba Sk.
Havuz Kapısı Cad.
Evliya Çelebi Cad.
Yolcuzade İskender Cad.
Okçu Musa Cad.
Tersane Caddesi
Bankalar Cad.

CUMHURIYET
Cumhuriyet Cad.
TAKSİM
Dolmabahçe Cad.
33
Dolmabahçe-Palast
OĞLU
Tarlabaşı Bulvarı
Taksim
Taksim Meydanı Cad.
Tak-i Zafer
Mete Caddesi
Tünel-Bahn
30
Aya-Triada-Kirche
Atatürk-Kulturzentrum
İnönü Caddesi
GÜMÜŞSUYU
Pasajı
enpassage)
İstiklal Caddesi
Sıraselviler Cad.
Galatasaray Lisesi
Hamam
Necatibey Caddesi
Fransız Sokak
Defterdar Yokuşu Sk.
32
Museum der Unschuld
CİHANGİR
Boğazkesen Caddesi
Necatibey Caddesi
32
Istanbul Modern
Kılıç-Ali-Paşa-Moschee
Necatibey Cad.
RAKÖY
Bosporus (Boğaziçi)
Moschee
Kennedy (Sahil Yolu) Caddesi
Gülhane-Park
Topkapı-Palast
7
9
8
Archäologische Museen
Alemdar Cad.
Hagia Sophia
1
Babıhümayun Cad.
aue Moschee
(Sahil Yolu) Caddesi
0
250 m
N
Highlights
Sultanahmet
Sirkeci, Eminönü und Beyazıt
Zwischen Aquädukt und Landmauer
Nördlich des Goldenen Horns: Beyoğlu, Galata und Pera
Westliches Bosporusufer
Asiatische Seite und Prinzeninseln

Schwarzes Meer
Bosporus
Sadberk-Hanım-Museum
SARIYER
42
31
Bosporus-Bootstouren
Emirgan-Park
Sakıp-Sabancı-Museum
41
36
LEVENT
Rumeli Hisarı
Anadolu Hisarı
40
BEBEK
ARNAVUTKÖY
48
Küçüksu Kasri
BEŞIKTAŞ
KANDILLI
26
34
Fischmarkt
Koç-Museum, Miniatürk, Santralistanbul
KURUÇEŞME
EYÜP
38
39
Ortaköy-Moschee
47
23
Eyüp-Moschee
Yıldız-Park
Beylerbeyi
35
NIŞANTAŞI
37
Kuzguncuk
46
43
44
ÜSKÜDAR
Mädchenturm
siehe links
45
Sakirin-Moschee
21
Yedikule-Festung
Bahnhof Haydarpaşa
49
KADIKÖY
Marmarameer
Kınalıada
Prinzeninseln
50
Burgazada
Heybeliada
Büyükada
N
0
2 km

Istanbul hält unzählige Farbkontraste bereit– ob auf dem Wochenmarkt (oben), auf dem Großen Basar (unten) oder mit dem einzigartigen Licht, in dem abends die historischen Moscheen wie die Yeni-Valide-Moschee am Goldenen Horn erstrahlen (rechts).

Istanbul

Weltstadt der Kontraste

Umgeben vom Bosporus, Marmarameer und Schwarzen Meer präsentiert sich Istanbul mit Modernität, Tradition und Historie. Gegensätze findet man in dieser Stadt überall – nicht zuletzt wegen der außergewöhnlichen Verschmelzung des Westens mit dem Osten. Istanbul boomt: Die 15-Millionen-Metropole auf zwei Kontinenten zeigt sich mit jahrtausendealter Geschichte, die von vielen Kulturen geprägt wurde, und einem kaum aufhaltbaren, rasanten Aufschwung, der schneller voranschreitet als in vielen Städten Europas.

Prächtige Gotteshäuser unterschiedlicher Religionen, jahrtausendealte Bauwerke, traditionelles und zeitgemäßes Istanbuler Leben sowie avantgardistische Galerien und Museen schaffen in Istanbul eine einzigartige Atmosphäre. Die pulsierende Metropole fasziniert immer wieder aufs Neue.

Charmantes Chaos

Neben den Zeugnissen, die zahlreiche Kulturen hinterließen und die bis heute das Stadtbild – besonders auf der Altstadt-Halbinsel – prägen, entdeckt man in Istanbul ständig Neues. Kein Wunder also, dass das boomende Stadtgebiet durch die oftmals planlose Bebauung besonders beim ersten Besuch unübersichtlich und chaotisch erscheint. Mit einer einzigartigen Fähigkeit schafft es die Weltstadt aber, all die Verwirrung des Tages zu vergessen. Am frühen Abend, wenn die Sonne am Goldenen Horn versinkt, taucht sie die Silhouette der Stadt in ein faszinierendes Licht. Mit der Dämmerung kommen dann die Lichter, viele Lichter rund um den Bosporus, die den Stadtteilen in Asien und Europa eine Magie zusprechen, die alle Sorgen vergessen lässt.

Istanbuls unterschiedliche Stadtgebiete

Istanbul hat auf einer Fläche von 5512 Quadratkilometern 39 Stadtteile, die wiederum in zahlreiche Nachbarschaften gegliedert sind. Dass sie verschieden sind, hat nicht nur geografische Gründe, sondern liegt auch daran, dass viele unterschiedliche Kulturen in den verschiedensten Jahrhunderten ihre Spuren hinterlassen haben. Für den richtigen Durchblick muss man Istanbuls Dreiteiligkeit verstehen: Im Südwesten der europäischen Seite liegt zwischen Marmarameer und Goldenem Horn die historische Halbinsel mit den bekanntesten Istanbuler Bauwerken und den wichtigsten historischen Sehenswürdigkeiten. Nördlich erstrecken sich am Bosporus, zwischen Goldenem Horn und Schwarzem Meer, die europäisch geprägten

Historische Moscheen oder Kirchen wie die Hagia Irene (oben) werden von Kuppeln geprägt. In Moscheen sind Kalligrafien (Mitte) oder ornamentale Verzierungen wie in der Kalenderhane Camii (rechts oben) zu bewundern. Einzigartig sind die Mosaiken in der Chora-Kirche (unten).

neueren Stadtteile, die das Istanbul der letzten Jahrhunderte präsentieren. Dort genießt man das Erbe aus dem 19. und 20. Jahrhundert, Lifestyle und Shopping, das Nachtleben und die gastronomischen Highlights. Schauplätze des modernen Istanbuler Lebens sind Beyoğlu mit dem bekannten Taksim-Platz und das anschließende Beşiktaş. Am Ostufer des Bosporus liegt der asiatische Teil, zu dem auch die Prinzeninseln im Marmarameer gehören. Trotz zweier Brücken und des Maramaray-Tunnels ist die schönste Möglichkeit, nach Asien zu gelangen, die Fähre oder ein Bootstaxi. Äußerst sehenswert sind in Asien das traditionelle Üsküdar am Bosporusufer sowie das asiatische Pendant zum modernen Beyoğlu, Kadıköy, am Marmarameer. Idyllisch sind vor allem die nördlichen Bosporus-Vororte.

Byzantion, Konstantinopel, Istanbul

Vor über 2600 Jahren, um 660 v. Chr., wurde der vom Marmarameer und Goldenen Horn umschlossene Landzipfel das erste Mal von Kolonisten aus der Stadt Megara in Griechenland besiedelt. Mit der zunächst Byzantion (oder auch Byzanz) genannten Siedlung begann die Geschichte der Stadt, die unter dem Namen Konstantinopel später Hauptstadt von drei Weltreichen wurde und heute – als Istanbul – das beliebteste Reiseziel und die Kulturmetropole der Türkei ist. Gegenüber von Byzantion wurde schon 20 Jahre zuvor die Hafenstadt Chalkedon an der Stelle des heutigen Kadıköy gegründet. Die Kolonisten hatten sich für ihre Siedlung das perfekte Land gesucht: Das Gebiet an der Nahtstelle zweier Kontinente, dem Bosporus, war ideal, um den Schiffsverkehr zwischen Schwarzem Meer, Marmarameer und Mittelmeer zu kontrollieren. Konstantinopel entwickelte sich zum bedeutenden Handelszentrum. Konstantin der Große ließ Byzantion 330 n. Chr. zum »Neuen Rom« und zur Hauptstadt des Römischen Reiches erklären. Eindrucksvolle Bauten sollten die Pracht Roms noch übertreffen. Heute sind in Sultanahmet noch wenige Überreste aus dieser Zeit erhalten. Zu sehen sind beispielsweise bis heute noch Mosaiken aus dem Großen Palast und die Siegerdenkmäler des Hippodroms sowie Säulenreste auf der Divan Yolu Caddesi. Ein eindrucksvolles und äußerst wichtiges Bauwerk aus dieser Zeit ist die Yerebatan-Zisterne, welche die Wasserversorgung sicherstellte und Konstantinopel lebenswert machte.

Konstantinopel der Byzantiner

Im Jahr 395 n. Chr. wurde das Römische Reich zweigeteilt, und Konstantinopel, das die nächsten Jahre als prächtigste Stadt der Welt galt, wurde zur Hauptstadt des Oströmischen Reichs. Viele neue Einwohner besiedelten die Stadt im 5. Jahrhundert. Das Stadtgebiet wurde von Kaiser Theodosius II. vergrößert, und die Universität war Versammlungsstelle der Gelehrten. Konstantinopel war allerdings nicht nur kulturell interessant, sondern nachdem Kaiser Theodosius I. 391 n. Chr. das Christentum zur Staatsreligion erklärte, auch im religiösen Kontext. Besonders sehenswert sind heute die byzantinischen Kirchen wie die Hagia Sophia – das bedeutsamste und bekannteste Gotteshaus jener Zeit. Die byzantinischen Sakralbauten präsentieren nicht nur die typische Architektur mit dem üblichen Basilikastil, sondern zeigen auch einen einzigartigen Fresken- und Mosaikenschmuck. Die glanzvollsten Mosaike findet man in der Chora-Kirche.

Konstantinopel der Osmanen

Als die Osmanen unter Sultan Mehmed II. Fatih am 29. Mai 1453 Konstantinopel eroberten, wandelten sie so gut wie alle

Der moderne Istanbuler Alltag verspricht Shopping, etwa in der Abdi İpekçi Caddesi (oben), kreative Ideen für den Transport (Mitte), einen Bummel durch attraktive Läden (unten) und einen entspannten Ausklang in einem Café in der Franzıs Sokak (links).

Weit oben auf der Liste des Sightseeing-Programms steht die weltbekannte Hagia Sophia (oben). Sehenswert sind auch die Eyüp-Moschee (rechts), das Museum der Geschichte der Wissenschaft und Technik im Islam (unten) und der Trance-Tanz der Derwische (Mitte).

christlichen Gotteshäuser in islamische Moscheen um. Für die Erbauung neuer Moscheen orientierten sich die osmanischen Baumeister an der byzantinischen Sakralarchitektur. Für die islamische Tradition war es jedoch wichtig, einen Einheitsraum in den Moscheen zu schaffen, damit die Gläubigen gleichgestellt sind. Geschafft hat dies der weltberühmte Baumeister der Osmanen, Mimar Sinan. In Istanbul sieht man heute noch zahlreiche historische Moscheen, die von Sultanen, Großwesiren und anderen Würdenträgern gestiftet wurden und einen Stiftungskomplex mit sozialen Einrichtungen umschlossen. Der imposanteste Bau ist die weltbekannte Sultan Ahmet Camii (Blaue Moschee), bis heute die meistbesuchte Moschee der Stadt. Die Moscheen sind mit herrlichem Fliesenschmuck ausgestattet. Die schönsten Fliesen stammen aus den Keramikwerkstätten in İznik und sind mit Blüten, Ranken, Trauben und anderen fantasievollen Motiven bemalt.
In osmanischer Zeit sind außerdem orientalische Markthallen wie der Große Basar und natürlich die beeindruckenden Sultanspaläste wie der Topkapı und der Dolmabahçe Sarayı entstanden. Auffällig sind auch die Brunnen sowie die typischen osmanischen Holzhäuser, die man an ihren Erkern erkennt. Leider fielen viele der Holzbauten immer wieder Großbränden zum Opfer, sodass heute nicht mehr viele zu sehen sind. Mit der Ernennung der Häuser zum UNESCO-Weltkulturerbe werden in den letzten Jahren jedoch nicht nur einige der Stadthäuser restauriert, beispielsweise im Zeyrek-Viertel, sondern auch die prächtigen Holzvillen *(yalı)* am Bosporus.

Istanbul der Türkei

Ein großer Teil der historischen Halbinsel wurde dank des reichen Erbes der vielen Kulturen, die Istanbul über die Jahrhunderte hinweg geprägt haben, zum UNESCO-Weltkulturerbe ernannt. Außerdem war Istanbul 2010 Kulturhauptstadt Europas. Gegründet wurde die Republik Türkei am 19. Oktober 1923 von Mustafa Kemal Atatürk. So gut wie in jedem Restaurant, Büro und Laden erinnert ein Bild des »Vaters der Türken« an den Republikgründer. Atatürk schaffte es mit den sechs Prinzipien des Kemalismus, der Abschaffung des Kalifats und der arabischen Schrift, das Land zu modernisieren und an Europa heranzurücken. Heute platzt Istanbul aus allem Nähten.
Aus allen Ecken des Landes strömen seit den 1950er-Jahren täglich Zuwanderer in die Metropole, deren Einwohnerzahl auf über 15 Millionen geschätzt wird. Den Reiz Istanbuls macht bis heute das Zusammenleben der verschiedenen Kulturen aus. In der Weltstadt trifft der Orient auf die Moderne. Während man auf Märkten und Basaren orientalisches Ambiente spürt, sind die imposanten Shoppingzentren moderner als jene in Westeuropa. Im gastronomischen Bereich gibt es ebenfalls Kontraste: Das gigantische Angebot reicht vom einfachsten Arbeiterlokal, in dem meist kein Alkohol ausgeschenkt wird, bis hin zu den exklusivsten Gourmetrestaurants mit umfangreichem Wein- und Champagner-Angebot. In traditionellen Teegärten und Wasserpfeifen-Cafés lässt es sich ebenso gut entspannen wie in den modernen Szenecafés oder Kneipen. Trendige Bars und Clubs laden in den modernen Stadtteilen zum Ausgehen ein.

EYÜP SULTAN CAMİİ
EYÜP SULTAN
TÜRBESİ
BAĞIŞ
KABUL YERİ

Sultanahmet

Die Altstadt-Halbinsel mit den bekanntesten Sehenswürdigkeiten der Stadt ist ein Muss. Dort befinden sich der Topkapı-Palast (rechts), die Yerebatan-Zisterne (oben) sowie die Hagia Sophia (Mitte). Und den Hunger stillt man im »Tahiri Sultanahmet Köftecisi« (unten).

Während die Hagia Sophia von außen zwar auffällt, aber recht schlicht erscheint (oben), begeistert ihr Innenraum vor allem durch die mystische Atmosphäre (rechts). Kein Wunder, dass sich täglich lange Schlangen vor dem Eingang bilden (unten).

1 Hagia Sophia

Ein ewig schönes Gotteshaus

Reisende aus aller Welt und Angehörige jeglicher Religion lassen sich täglich von der Vollkommenheit der Hagia Sophia beeindrucken. Vor fast 1500 Jahren wurde sie als Kirche errichtet, später in eine Moschee umgewandelt und schließlich als Museum zum UNESCO-Weltkulturerbe ernannt. In der Hagia Sophia haben sich im Laufe der Jahrhunderte christliche und islamische Schätze harmonisch arrangiert.

Das blassrote, wuchtig und wirr erscheinende Gotteshaus aus Stein und Mörtel ist auf den ersten Blick nicht gerade das, was sich die meisten unter einem eindrucksvollen, weltbekannten Bauwerk vorstellen. Auffällig sind von außen die zwei Seitenschiffe, die stützenden Mauern, zahlreiche Kuppeln und die vier Minarette. In dem von den spärlich einfallenden Sonnenstrahlen in mystisches Licht getauchten Innenraum erzeugen Balustraden und Bögen, mächtige und schmale Pfeiler sowie eindrucksvolle byzantinische Mosaiken und osmanische Kalligrafien eine einzigartige Vollkommenheit. Die Kuppelbasilika zeugt wie die ganze Stadt von der jahrtausendealten Geschichte Istanbuls.

Die Errichtung der »Heiligen Weisheit«

Schon bevor die Hagia Sophia (griechisch für »Heilige Weisheit«) in ihrer heutigen Form im 6. Jahrhundert errichtet wurde, ließ Kaiser Konstantin der Große (zwischen 270 und 288–337) an der gleichen Stelle eine große, ebenfalls der Heiligen Weisheit geweihte Kirche errichten. Diese brannte in den folgenden zwei Jahrhunderten jedoch mehrmals ab und musste immer wieder neu erbaut werden. Schließlich hatte der blutrünstige Nika-Aufstand am anliegenden Hippodrom im Januar 532 gravierende Folgen: Die größte Kirche des Byzantinischen Reiches wurde in Schutt und Asche gelegt, und im byzantinischen Sakralbau wurde eine neue und äußerst bedeutsame Ära eingeläutet.

Knapp sechs Wochen nach dem Nika-Aufstand legte Kaiser Justinian I. (um 482–565) den Grundstein für den heutigen Bau, natürlich noch ohne die viel später hinzugefügten islamischen Bauelemente. Mithilfe von rund 100 Meistern und 10 000 Arbeitern sollten der Gelehrte und Mathematiker Anthemios von Tralleis und der Physiker und Statiker Isidoros von Milet das glanzvolle Meisterstück byzantinischen Sakralbaus in nur knapp sechs Jahren fertigstellen.

Schließlich weihte Kaiser Justinian die weltberühmte Kirche am 27. Dezember 537 ein. 916 Jahre lang sollten sich hier unzählige Christen zum Gebet einfinden. Kaiser Justinian war von ihrer Pracht überwältigt und verglich den Kirchenbau

Besucher staunen nicht nur im Inneren der Hagia Sophia (unten): Außen bildet der in osmanischer Zeit erbaute Reinigungsbrunnen einen prächtigen Blickfang (oben rechts). Für luxuriöse Entspannung sorgt das luxuriöse Ayasofya Hürrem Sultan Hamam (oben) ganz in der Nähe.

mit dem legendären salomonischen Tempel in Jerusalem. Bei der Weihe soll er gerufen haben: »Salomon, ich habe dich übertroffen!« Die Hagia Sophia wurde zum religiösen Zentrum des Byzantinischen Reichs und zur Krönungskirche zahlreicher Kaiser.

Nachvollziehen können die Begeisterung Justinians heute noch die Millionen von Besuchern, die jedes Jahr den prächtigen Sakralbau erkunden, welcher zu den wohl grandiosesten Werken der Kunstgeschichte zählt. Bis heute ist die Konstruktion der Basilika im Hinblick auf die damaligen technischen Mittel kaum nachvollziehbar. Denn kurz nach dem Tod Kaiser Justinians verschwanden die Baupläne, was zur Folge hatte, dass der erste vergleichbare Nachkomme, der Petersdom in Rom, erst rund ein Jahrtausend später erbaut wurde.

Mit der Eroberung Konstantinopels durch die Osmanen im Jahr 1453 folgten letztlich die Veränderungen an der Hagia Sophia. Durch den Anbau von vier Minaretten und weiteren Baumaßnahmen anhand der islamischen Vorgaben wurde das christliche Gotteshaus in eine Moschee umgewandelt. In den 481 Jahren, in denen die Hagia Sophia als Moschee diente, wurde das Tragsystem verbessert. Außerdem verstärkte der berühmteste osmanische Baumeister Mimar Sinan im Jahr 1573 die Stützpfeiler.

Eindrucksvoller erster Eindruck

Schlicht und schmucklos präsentiert sich die bekannte Basilika zunächst in der äußeren Vorhalle, dem Exonarthex. Die durch mehrere verzierte Türen erreichbare innere Vorhalle (Esonarthex) mit roter, grüner, schwarzer und weißer Marmorverkleidung und dem mit Goldmosaiken und Ornamenten geschmücktem Gewölbe lässt dann schnell auf die Schätze im Hauptraum der Hagia Sophia schließen. Oberhalb der »Kaisertür«, der größten der neun Türen, die in den Hauptraum (Naos) der dreischiffigen Basilika führen, ist ein wertvolles Mosaik aus dem 10. Jahrhundert erhalten, das den thronenden uns segnenden Christus zeigt, der in seiner linken Hand ein aufgeschlagenes Buch mit den Worten »Friede sei mit euch. Ich bin das Licht der Welt« hält. Die in Bronze gefasste Tür war einst den Kaisern vorbehalten und führt ins Mittelschiff.

Im Naos offenbart sich schließlich der ganze Stolz Justinians – die Vollkommenheit der Hagia Sophia. In 56 Metern Höhe schwebt die Kuppel über dem 69,50 mal 73,50 Meter großen Hauptraum. Die imposante, tonnenschwere Rippenkuppel hat einen Durchmesser von 31 Metern. Besonders die 40 lichtdurchlässigen Fenster am unteren Kuppelrand schaffen den Eindruck, die Kuppel würde über dem quadratischen, von vier gewaltigen Pfeilern gebildeten Kuppelquadrat schweben. Die Wuchtigkeit der Pfeiler wird ihnen durch ihre Einbindung in die Seitenschiffe und Säulenarkaden sowie durch ihre Verbindung durch Bögen untereinander genommen. Die riesige Hauptkuppel wird von jeweils zwei Halbkuppeln und diese von jeweils drei Halbkuppeln gestützt. Die Fenster in den unteren Rändern sorgen für Lichteinfall. Im Norden und Süden wird der Raum von Schildbögen mit weiteren Fenstern begrenzt.

Auffällig ist auch der Übergang zwischen dem Runden der Kuppel zum Eckigen der Pfeiler. Dieser wird durch komplexe Zwickel, sogenannte Pendetifs, hergestellt. Erst im 19. Jahrhundert wurden die Gesichter der vier dort abgebildeten Engelswesen, die sechsflügeligen Seraphim, mit Stuck abgedeckt. Einst rahmten die Seraphim die Darstellung von Christus als Pantokrator ein, der im Scheitelpunkt der Kuppel abgebildet war. Da in der islamischen Tradition das Abbilden von Lebewesen, Heiligen und Gott verboten ist, wurden die christlichen Abbildungen

Immer wieder lohnt in der Hagia Sophia der Blick nach oben: Sei es wegen der meisterlichen Mosaike wie oberhalb des Portals »Orea Porta« (oben), der reich geschmückten Kuppeln und Gewölbe (links) oder der byzantinischen Kapitelle (unten).

Um die exakte Richtung nach Mekka zu weisen, wurde die Gebetsnische schräg platziert (oben). Meisterlich sind die Mosaiken (Mitte), die oft Maria mit dem Jesuskind abbilden (unten). Die schönsten Mosaiken sind auf den Galerien zu finden (rechte Seite unten).

nach Umwandlung der Hagia Sophia zur Moschee mit der Zeit überdeckt. In der Kuppel erstrahlt heute in goldener Kalligrafie der Koranvers »Gold ist das Licht der Himmel und der Erde«. Das einst abgedeckte Mosaik aus dem 9. Jahrhundert ist bis heute gut erhalten. Es wurde kurz nach Ende des byzantinischen Bilderstreits hergestellt und zeigt Maria mit dem segnenden Jesuskind.

Orientalisches Schmuckkästchen

Für sein kolossales Vorhaben hat Kaiser Justinian keine Kosten gescheut. Den Bau der Hagia Sophia ließ er sich 145 Tonnen Gold, nach heutigen Verhältnissen etwa drei Milliarden Euro, kosten. Die Investition sollte seine Macht nicht nur im Byzantinischen Reich, sondern auch über die Grenzen seines Reiches hinaus präsentieren. Für das prachtvolle Gotteshaus wurden Bauelemente alter Tempel herbeigeschafft. Zwischen den Pfeilern ließ Justinian acht grüne monolithische Marmorsäulen aus dem Artemis-Tempel in Ephesos anbringen. Aus dem Jupitertempel von Baalbek (Libanon) stammen die acht Porphyrsäulen in den Eckapsiden. In osmanischer Zeit führte Sultan Murad III. (1574–1595) diese Tradition fort. Er stiftete zwei große hellenistische Alabastervasen aus Pergamon mit je 1250 Litern Fassungsvermögen. Sie dienten als Reinigungsbrunnen und sind neben der Kaisertür positioniert. Im linken Seitenschiff fasziniert auch die sogenannte »Schwitzende Säule«, die durch das Wasser aus einer Zisterne unterhalb der Hagia Sophia porös geworden ist und sich immer feucht anfühlt. Da dieser Säule schon in byzantinischer Zeit Heilungskräfte gegen Impotenz und Augenleiden zugesprochen wurden, berührten Gläubige die Säule schon vor vielen Jahrhunderten. Mit der Umwandlung der Hagia Sophia in eine Moschee wurde der Gebetsraum den islamischen Traditionen angepasst. Süleyman der Prächtige (um 1495–1566) stiftete die exakt nach Mekka ausgerichtete reich verzierte Gebetsnische, die leicht nach rechts verschoben in der Apsis ihren Platz gefunden hat. Sultan Murad III. sorgte für die Kanzel, die sich rechts der Apsis erhebt. Auf der von Säulen getragenen Tribüne links der Apsis nahm der Sultan Platz. Die acht mächtigen Rundschilde aus Holz ließ Sultan Abdülmecid I. (1823–1861) erst im 19. Jahrhundert an den Pfeilern anbringen. In kunstvollen Kalligrafien erscheinen dort die Namen der Kalifen Omar, Ali, Hasan, Husein, Othman und Abu Bekr.

Ein Rundgang auf den Galerien

Im Nordteil der Hagia Sophia führt eine Rampe auf die Galerien, die einen atemberaubenden Blick in den Gebetsraum gewähren. Außerdem kann man dort die recht gut erhaltenen jahrhundertealten Mosaike bestaunen. Zahlreiche Heilige und byzantinische Herrscher werden durch die kleinen, in Gips gedrückten Steinwürfel detailliert dargestellt. Auf dem Weg nach oben kann man an den freigelegten Wänden der Rampe aber zunächst die zügige Errichtung des Bauwerks nachvollziehen. Oft sind im Mauerwerk weitaus dickere Mörtel- als Ziegelschichten erkennbar. Amerikanische Forscher der Universität Princeton haben die Mörtelmischung analysiert und erkannt, dass sie heutigen Zementsorten in Kalzium- und Siliziumkomponenten ähnelt. Der dadurch gut dehnbare Mörtel

ist ein Grund dafür, dass die Hagia Sophia einen Großteil der vielen Erderschütterungen im Stadtgebiet absorbieren konnte. Bis auf dreimal – in den Jahren 557, 989 und 1346 – blieb die Hagia Sophia fast unbeschadet.
Die Südempore ist durch einen marmornen Durchgang mit kunstvollen Reliefs erreichbar, die zwei Türen andeuten, die mit Obst-, Pflanzen- und Fisch-Motiven geschmückt sind. Rechts der Marmorwand begeistert das jüngste und schönste Mosaik der Südempore. Leider ist von dem 1261 entstandenen Deesis-Mosaik, einer üblichen byzantinischen Fürbitten-Abbildung, nur noch der obere Teil erhalten. Zu sehen sind nur noch die Oberkörper und Köpfe von Christus, der Johannes den Täufer segnet, und von Maria als Fürbittende auf goldenem Grund. Die Ostwand der Empore präsentiert zwei Stiftermosaike. Auf dem linken wird das Kaiserpaar Konstantin IX. Monomachos (1000–1055) und seine Frau Zoe (978–1050) mit dem in der Mitte thronenden Christus dargestellt, auf dem rechten übergibt das Kaiserpaar Komnenos dem Christuskind eine Urkunde und einen Geldbeutel.
Auf dem Weg hinab geht es entlang der Nordempore wieder gen Osten. Dort prangt das älteste Mosaik der Galerien, das aus dem 9. Jahrhundert stammt und Kaiser Alexandros (870–913) in einem mit Diamanten bestickten Überhang zeigt. Das letzte faszinierende Mosaik der Hagia Sophia sehen Besucher beim Ausgang im Erdgeschoss über dem Orea Porta (Schöne Tür) genannten Portal. Das Mosaik aus dem 10. Jahrhundert zeigt Konstantin den Großen und Kaiser Justinian, die dem Jesuskind ein Stadtmodell und ein Modell der Hagia Sophia überreichen.

SICH WOHLFÜHLEN IN EDLER ATMOSPHÄRE

1556 stiftete die in Europa als Roxelane bekannte Ehefrau Süleymans des Prächtigen, Haseki Hürrem, ein türkisches Bad, Ayasofya Hürrem Sultan Hamamı, das seinen Platz zwischen Hagia Sophia und Blauer Moschee hat. Der berühmte osmanische Baumeister Mimar Sinan wählte für den Aufbau des Hamams eine unkonventionelle Bauweise und reihte den Herren- und Frauentrakt längs anstatt parallel aneinander. Das bis zum Anfang des 20. Jahrhunderts als Bad betriebene 75 Meter lange Bauwerk diente später als Gefängnis, Papier- und Benzinlager und Teppichgeschäft. Als Top-Wohlfühloase der Altstadt wurde es erst im Jahr 2011 nach umfangreicher Restauration wiedereröffnet. Das nunmehr luxuriöse Doppelbad wurde mit neuem Marmor, erstklassigen Badeschürzen und vergoldeten Wasserschalen ausgestattet. Für die Erholung sorgen im Hamam nicht nur das traditionelle türkische Badeerlebnis, sondern auch andere Wellness-Anwendungen und Massagen.

WEITERE INFORMATIONEN

Ayasofya Hürrem Sultan Hamamı: www.ayasofyahamami.com
Hagia Sophia: www.ayasofyamuzesi.gov.tr

Für die zur Hauptmoschee umgewandelte Hagia Sophia benötigten die Osmanen einen Reinigungsbrunnen, der mit viel Gold glänzt.

Die Yerebatan-Zisterne verströmt durch Musik und das geheimnisvolle Licht, in das die Säulenlandschaft (oben) getaucht ist, mystisches Flair. Die als Säulensockel genutzten Medusenkopfreliefs scheinen über die unterirdische Welt zu wachen (rechte Seite unten).

2 Yerebatan-Zisterne

Geheimnisvolle unterirdische Welt

Der Wasserspeicher aus byzantinischer Zeit mit seiner mystisch wirkenden Lichtinszenierung und der stimmungsvollen Musik ist eine der außergewöhnlichsten – und meistbesuchten – Sehenswürdigkeiten der Metropole. Die von Wasser umgebene Säulenlandschaft hat auch schon als Kulisse diverser Hollywoodstreifen gedient wie etwa für den James-Bond-Film *Liebesgrüße aus Moskau*.

Rund 30 Minuten braucht man für den Rundgang in der unterirdischen Welt der Yerebatan-Zisterne (Yerebatan Sarnıcı), die von den Einheimischen auch oftmals »Versunkener Palast« (Yerebatan Sarayı) genannt wird. Länger steht man meist an der Schlange vor dem feuchten und kühlen Wasserspeicher an. Im Inneren erhält man einen guten Eindruck davon, wie die Byzantiner ihre karge und trockene Stadt mit Wasser versorgten.

Wasserarmes Stadtgebiet

Eine Stadt ohne Wasser war auch schon im alten Byzanz undenkbar. Da Byzanz auf einer felsigen und wasserarmen Halbinsel erbaut wurde und das Wasser des Goldenen Horns mit den einmündenden Flüssen Alibey und Kağıthane durch den Bosporus-Zufluss zu salzhaltig war, musste eine andere Lösung für das Trinkwasser geschaffen werden. In Byzanz wurden Wasserspeicher erbaut, in die durch lange Kanäle Wasser aus den Bergen und Wäldern der Umgebung geführt wurde. Pionier im Kampf gegen den Wassermangel war der römische Kaiser Hadrian (76–138). Mit der Umsiedlung Konstantins des Großen in die Stadt stieg ab 324 n. Chr. auch die Bevölkerung, und die Wasserversorgung musste nachgebessert werden. Kaiser Konstantin ließ die Wasseranlagen vergrößern, und später führte Kaiser Valens (328–378) dies fort. Dafür ließ er auch ein großes, nach ihm benanntes Aquädukt erbauen.

Lebensnotwendiger Speicher

Konstantin der Große ließ im 4. Jahrhundert die bis heute eindrucksvolle Yerebatan-Zisterne errichten. Wie die meisten zu dieser Zeit erbauten Zisternen war auch die damals Cisterna Basilica genannte Zisterne eine Substruktion einer Basilika, einer Säulenhalle, die unterschiedliche Funktionen hatte und beim Nika-Aufstand im Jahr 532 zerstört wurde. Andere Zisternen wurden zum Beispiel unter Palästen oder Kirchen gebaut und entsprachen den Gebäuden dann in Größe und Grundriss. Kaiser Justinian I. ließ nach der Zerstörung des Oberbaus parallel zu dessen Neuerrichtung auch die alte Zisterne mit einem Fassungsvermögen von 80 000 Kubikmetern erneuern. Nur so konnte er die Ver-

sorgung der Hagia Sophia und der Kaiserpaläste gewährleisten.
In der osmanischen Zeit wurde die Zisterne hauptsächlich für die erste Versorgung des Topkapı-Palastes genutzt, geriet aber mit den Jahren schnell wieder in Vergessenheit. Auf der Suche nach byzantinischen Monumenten wurde sie 1545 vom Reisenden und Humanisten Petrus Gyllius wiederentdeckt, der erfahren hatte, dass die Anwohner der Gegend aus Löchern im Boden angelten und dort Wasser schöpften.

Die Zisterne als Sehenswürdigkeit

Im 20. Jahrhundert beschloss man, die Yerebatan-Zisterne für die Öffentlichkeit zugänglich zu machen und zum Museum umzufunktionieren. Die 138 mal 64,60 Meter große Zisterne beeindruckte schon zu dieser Zeit mit den 336 rund acht Meter hohen Säulen und dem darauf ruhenden, gut erhaltenen Ziegelgewölbe. Die Säulen, die in zwölf Reihen angeordnet sind, stammen größtenteils aus älteren Bauwerken. Deutlich wird dies bei genauerer Betrachtung: Einige Schäfte bestehen aus Granit, andere aus Marmor. Eindrucksvoll ist im Mittelteil der Zisterne ein Säulenschaft, der mit dem Tränen-Muster geschmückt ist. Die Legende besagt, dass die Säule an die Sklaven erinnern soll, die bei der Erbauung der Zisterne ums Leben gekommen sind. Unterschiede lassen sich auch bei den Kapitellen feststellen: Es gibt sowohl korinthische als auch dorische. Die bekanntesten Säulensockel findet man hingegen im nordwestlichen Teil: Dort stehen zwei Medusenkopfreliefs, einerseits quer und andererseits kopfüber, die vor dem Bösen schützen sollten.

WOHNEN UND ESSEN MIT TOLLER AUSSICHT

Das gemütliche, hübsch eingerichtete »And Hotel« mit Blick auf die Hagia Sophia steht nur wenige Schritte von der Yerebatan-Zisterne entfernt. Der charmante Seniorchef Remzi Erba eröffnete in der alten Backpacker- und Hippie-Gegend Sultanahmet als einer der Ersten ein Hotel. Damit erfüllte er sich den Traum, Gästen eine wohlige und stilvolle Unterkunft zu bieten und ihnen über seine Stadt zu berichten. Tatkräftig wird Remzi von seinem jungen Sohn Necip unterstützt, der frische Ideen in den Familienbetrieb mit 45 Zimmern einbringt. Wer in dem Hotel übernachtet, das typisch türkische Gastfreundschaft mit der nötigen Distanz kombiniert, hat die Wahl zwischen kleineren Zimmern mit toller Aussicht auf der Vorderseite und größeren Zimmern mit Balkon auf der Rückseite. Unschlagbar ist auch für Nicht-Hotelgäste der Panoramablick vom Dachterrassen-Restaurant »Cihannüma«, in dem gute türkische Gerichte auf den Tisch kommen.

WEITERE INFORMATIONEN

The And Hotel: www.andhotel.com
Yerebatan-Zisterne: www.yerebatan.com (nur türkisch)

Obwohl Nicht-Muslimen zu Gebetszeiten der Besuch nicht gestattet ist, haben Gläubige selten viel Platz für sich allein (oben). Zur Dämmerung erscheint die Blaue Moschee in vollem Glanz (rechts oben). Innen zeigt sie sich nicht nur in Blautönen (rechts unten).

3 Blaue Moschee

Die Hauptmoschee des Osmanischen Reichs

Die imposante Blaue Moschee, wie sie außerhalb der Türkei genannt wird, heißt eigentlich Sultan-Ahmed-Moschee (Sultanahmet Camii) und gehört zu den imposantesten Sakralbauten weltweit. Die Moschee, die außerdem das bekannteste osmanische Bauwerk Istanbuls ist, prägt seit ihrer Fertigstellung zu Beginn des 17. Jahrhunderts die Silhouette der Istanbuler Altstadt.

Sultan Ahmed I. (1590–1617) beauftragte im Jahr 1606 den Hofarchitekten und Schüler des berühmten Baumeisters Mimar Sinan, Mehmet Ağa, mit dem Bau einer neuen Hauptmoschee in der osmanischen Hauptstadt. Die Sultan-Ahmed-Moschee sollte prächtiger werden als jedes andere Gotteshaus und vor allem imposanter als die bisher als Hauptmoschee genutzte byzantinische Hagia Sophia. Der direkte Vergleich sollte gut erkennbar sein. Für den Bau seiner Moschee wählte der Sultan einen Baugrund nur 500 Meter von der Hagia Sophia entfernt. Zur Folge hatte sein Wunsch, dass Teile der alten byzantinischen Kaiserpaläste und des anliegenden Hippodroms abgetragen werden mussten und somit erst drei Jahre später mit dem Bau des neuen Wahrzeichens der Stadt begonnen werden konnte. Fertiggestellt war die Moschee erst 1616, nur ein Jahr vor dem Tod Sultan Ahmeds I.

Harmonisches und repräsentatives Bauwerk

Der Plan Sultan Ahmeds I. ging auf. Die Sultan-Ahmed-Moschee prägt heute, vier Jahrhunderte später, weiterhin das Bild Istanbuls. Besonders am Abend, wenn die Moschee beleuchtet wird, fasziniert das Bauwerk mit den unzähligen architektonischen Einzelelementen, die durch ihre gleichmäßige Anordnung ein harmonisches Gesamtbild erzeugen. Majestätisch erheben sich die sechs schlanken Minarette mit zwei bzw. drei Balkonen an den zwei äußeren Ecken des Vorhofes und an den vier Ecken des Gebetshauses. Aus welchem Grund sechs und nicht wie sonst üblich vier Minarette die Moschee des Sultans krönen, erklärt eine schöne Geschichte: Der Sultan wollte die Minarette seiner Moschee mit Blattgold verkleiden lassen. Der Etat der Architekten reichte für die exorbitanten Wünsche des Sultans jedoch nicht aus. Da der Architekt um sein Leben fürchtete, ließ sich Mehmet Ağa einen kleinen Trick einfallen und behauptete, die türkischen Wörter *altın* für golden und *altı* für sechs verwechselt zu haben. Und so baute der Architekt einfach sechs steinerne Minarette, die das monumentale Gotteshaus nicht weniger repräsentativ erscheinen lassen, als wären sie mit Gold verkleidet. Bis zum

Die Blaue Moschee begeistert den Besucher mit architektonisch interessanten Details (oben), mit ihrem Schmuck, den kostbaren İznik-Fliesen (Mitte), und mit dem weitläufigen Außenbereich (rechte Seite unten). Der Arasta-Basar lädt zum Bummeln ein (unten).

Zeitpunkt der Erbauung der Sultanahmet Camii war die einzige Moschee mit sechs Minaretten die Kaaba in Mekka, das Zentralheiligtum des Islams.
Der von Säulenhallen gesäumte Vorhof mit seiner rechteckigen Form ist über große Treppen auf drei Seiten zu erreichen. Die Grundflächen des Vorhofs und des Gebetshauses sind mit 54 mal 52 Metern in etwa gleich groß und präsentieren sich somit äußerst harmonisch. Der in das Gesamtbild der Moschee eingegliederte Vorhof präsentiert sich mit Arkaden, die durch spitz zusammenlaufende Hauben bekrönt werden und 26 Säulen zählen, sowie mit sehenswerten restaurierten Deckenmalereien. In der Mitte des Vorhofs dient der hexagonale Şardivan (Reinigungsbrunnen) heute nur noch als Schmuck. Die obligatorische Waschung von Füßen und Händen findet mittlerweile an den zahlreichen Brunnen statt, die an den Außenmauern angebracht sind.

Florale Muster in Blaugrün

Über den Vorhof dürfen nur Muslime die weiträumige Moschee betreten. Nicht-Muslime nutzen für die Besichtigung des Gebetshauses einen Seiteneingang, der vom Außenhof hineinführt und ausgeschildert ist. Auffällig ist gleich bei Betreten des Gebetsraums der große Leuchter, der von der imposanten, 43 Meter hohen Kuppel mit einem Durchmesser von 23,50 Metern hängt. Die Kuppel ruht auf vier kannelierten, also mit senkrecht verlaufenden Furchen geschmückten, fünf Meter dicken Pfeilern und auf vier von Konchen gestützten Halbkuppeln. Die zahlreichen Kuppeln der Moschee sind mit hübschen blauen, grünen und roten Arabesken geschmückt. Die Ornamente aus der islamischen Kunst zeigen stilisierte Pflanzenranken.
260 stufenartig angeordnete Fenster sorgen für den Lichteinfall in die Moschee. Beginnend mit recht schlichten Leibungen bewirken die Fenster im obersten Bereich durch schräg gestellte Umrandungen optische Vergrößerungen. Bei Fertigstellung der Moschee waren alle Fenster mit farbigem venezianischem Glas aus dem 17. Jahrhundert gefüllt. Viele Scheiben, die der Zeit nicht standgehalten haben, wurden jedoch durch Klarglas oder modernes Buntglas ersetzt. Die Predigerkanzel (Minbar), von der aus der Imam das Freitagsgebet hält, besteht aus Marmor und wurde der Kanzel in Mekka nachgeahmt. Ein Stück des schwarzen Steines der Kaaba in Mekka wurde in die ebenfalls aus feinem Marmor gefertigte Gebetsnische (Mihrab) eingesetzt. Auffallend ist, dass der Mihrab, der nach den islamischen Vorgaben natürlich nach Mekka ausgerichtet ist, auch bei einer voll besetzten Moschee von jedem gesehen wird.
Den Namen »Blaue Moschee« hat die Sultanahmet Camii dem blaugrünen Fliesenschmuck zu verdanken. Die Fliesen aus dem 17. Jahrhundert sind größtenteils erhalten und lassen bei genauem Hinsehen an einigen Stellen deutliche Qualitätsunterschiede erkennen. Die riesige Bestellung von 21 000 Fliesen bei den bekannten Fliesenwerkstätten von İznik überforderte die Werkstätten, obwohl Sultan Ahmed I. ihnen verbot, weitere Aufträge anzunehmen. Die Kacheln im unteren Bereich des Gebetsraums werden von stilisierten Pflanzenmustern, etwa Tulpen, Nelken, Zypressen und

Weinreben geziert. Auf den Galerien symbolisieren die aufgemalten Weinranken, Zypressen, Blumenarrangements und Früchte das Paradies.
Der Besuch der Blauen Moschee ist ein Muss für jeden Istanbul-Reisenden. Im Rahmen seines Pastoralbesuches in der Türkei 2006 ließ sich auch Papst Benedikt XVI. den Besuch der Sultanahmet Camii als erstes Oberhaupt der römisch-katholischen Kirche nicht entgehen. Der Papst und die ihn begleitenden muslimischen Geistlichen mahnten damals zu mehr Respekt vor den unterschiedlichen Religionen.

Der Stiftungskomplex der Sultansmoschee

Um die Kosten der Moscheen decken zu können, waren die großen Gebetshäuser immer von einem Stiftungskomplex (Külliye) umgeben. Bei der Sultanahmet Camii waren die zugehörige Koranschule (Medrese), eine Bibliothek, eine Karawanserei und die Armenküche in die Gebäude des Außenhofs integriert.
Besichtigt werden kann von den angeschlossenen Bauten das Grabmal (Türbe) des Sultans, der dort mit seiner Frau Kösem und seinen drei Söhnen bestattet wurde. Später fanden dort auch die Sultane Osman II., Murat IV. und Prinz Beyazıt ihre letzte Ruhestätte. Lohnenswert ist außerdem der Besuch des hübschen Arasta-Basars, der als Markt für den Stiftungskomplex erbaut wurde und zwischenzeitlich als Stallungen der osmanischen Kavallerie diente. Der Markt hat seit den 1980er-Jahren wieder seine ursprüngliche Funktion, bietet mit nur 70 Geschäften aber eine ruhigere Alternative zu den großen Basaren.

EINDRUCKSVOLLE MOSAIKKUNST

Eine kurze Passage führt vom Arasta-Basar zum Eingang des Museums der Mosaiken des Großen Palastes (Büyük Saray Mozaikleri Müzesi) mit einem der besterhaltenen und eindrucksvollsten Fußbodenmosaiken Europas. In den 1930er- und 1950er-Jahren konnten britische Forscher der St. Andrews University (Edinburgh) den Peristylhof des großen byzantinischen Kaiserpalasts ausgraben. In dem Museum sieht man heute das einzigartige, in situ liegen gebliebene, etwa 250 Quadratmeter große Mosaik aus 75 bis 80 Millionen Glas , Kalkstein- und Terrakottawürfeln sowie die in Betonplatten eingegossenen Mosaike der Südwest- und Nordwesthalle. Die Mosaiken zeigen Szenen aus der Mythologie, dem Alltagsleben und der Natur. Mehr als 150 Menschen, Tiere und mythologische Wesen wie der Weingott Dionysos oder der Hirtengott Pan sind allein auf dem Fußbodenmosaik abgebildet.

WEITERE INFORMATIONEN

Arasta-Basar: www.arastabazaar.com
Blaue Mosche: Sultanahmet Parkı, Sultanahmet
Mosaiken-Museum: Torun Sokak (Arasta Bazaar), Sultanahmet

Die Altstadt schmücken Brunnen in jeglichen Größen (oben). Die Gegend rund um das Hippodrom wirkt wie ein großes Freilichtmuseum, hier mit Blick auf die Hagia Sophia (rechts oben). Für Unterhaltung sorgen gelegentlich Folkloregruppen (rechts unten).

4 Hippodrom

Eine gigantische Arena

Seit dem Ende des 2. Jahrhunderts war das Hippodrom (At Meydanı) ein Ort für Versammlungen. Die Byzantiner ehrten dort ihre Kaiser und trugen regelmäßig wichtige Sportveranstaltungen aus. Die Osmanen nutzten den Schauplatz für prunkvolle Zeremonien der Sultane. Auf dem Platz sollten jedoch nicht nur positive Ereignisse stattfinden – er war auch immer wieder Ausgangsort für gewaltige Aufstände.

Etwa 1300 Jahre lang wurde der gigantische Platz genutzt, den Kaiser Septimus Severus (146–211) auf Wunsch seines kleinen Sohnes Bassianus errichten ließ. Nach der Eroberung von Byzanz ließ der Kaiser die Stadt völlig zerstören. Sein damals erst zehnjähriger Sohn überredete ihn jedoch, die Stadt wieder aufzubauen und sie dabei imposanter als je zuvor zu realisieren. Um das verärgerte Volk zu versöhnen, ließ er einen Markt erbauen, der von Säulenhallen umgeben war, und im Jahr 203 wurde auf sein Geheiß das Hippodrom, eine elliptische Bahn, errichtet, auf dem die Byzantiner einer ihrer Lieblingsbeschäftigungen nachgehen konnten: bei Pferde- und Wagenrennen zuzuschauen.

Vergnügen und Tod

Für die Gründungsfeier der neuen Hauptstadt des Oströmischen Reichs am 11. Mai 330 ließ Kaiser Konstantin die Arena für Pferde- und Wagenrennen ausbauen. Die elliptische Bahn sollte prachtvoller und eindrucksvoller werden als der Circus Maximus in Rom. So erreichte das Hippodrom eine Länge von 480 Metern und eine Breite von 117 Metern. Der riesige Bau fasste rund 100 000 Zuschauer auf 30 Meter hohen Tribünen. In massiven Tonnengewölben und Substruktionen an den beiden Längsseiten wurden die Läden, Stände und Speiselokale für die Versorgung des Publikums eingerichtet. In den zum Meer hin gewandten Unterbauten und in dem halbkreisförmigen Abschluss auf der Südwestseite, der Sphendone genannt wurde, brachte man Schuppen und Ställe für die Wagen und Pferde der Sportler unter. Auf der Nordostseite fand die elliptische Bahn durch ein imposantes Triumphtor, die *Porta triumphalis*, ihren Abschluss. Außerdem waren auf dieser Seite die Räumlichkeiten für die Wagenlenker, Trainer und Reiter sowie die Lager der Rennparteien untergebracht.

Die Rennparteien waren Gruppen, die zunächst nur sportlich konkurrierten, sich dann aber auch politisch engagierten und somit zu noch größeren Rivalen wurden. Die nach Farben benannten Gruppierungen wetteiferten nicht nur im sportlichen Bereich, und das Hippodrom wandelte sich von Zeit zu Zeit von einem

Die Obelisken des Hippodroms sind bei Dunkelheit schön beleuchtet (oben). Den Hunger stillt man bei den Streetfood-Verkäufern z.B. mit gegrillten Maiskolben (unten). Kunstinteressierte können das Museum der Marmara-Universität besuchen (rechte Seite unten).

Ort des Vergnügens zum Platz blutrünstiger Aufstände. Die Anhänger der jeweiligen Partei – darunter auch einige Kaiser – konnten anhand ihrer farbigen Kleidung den Gruppen zugeordnet werden. Mit der Zeit wurde das politische Interesse der Organisationen immer größer, und die »Blauen« und »Grünen« sorgten für immer mehr Aufstände. Kaiser Justinian I. machte dann einen Versuch, die beiden Gruppen zu verbieten. Das Ergebnis war allerdings nicht wie gewünscht. Die Gruppen verbündeten sich und zettelten immer mehr Aufstände an. Im Jahr 532 zogen sie beim gewaltsamen Nika-Aufstand randalierend durch die Straßen, während sie die Stimmung durch den Kampfruf »Nika!« (aus dem Altgriechischen, »Siege!«) aufheizten. Nach diesen gewalttätigen Ausschreitungen schien Kaiser Justinian I. sich dem Wunsch des Volkes, einen neuen Kaiser auszurufen, beugen zu wollen, doch seine Frau Theodora war dagegen und beauftragte den Feldherrn Belisar, gegen die Aufständischen zu kämpfen. Die rund 30 000 Rebellen, die sich ins Hippodrom zurückgezogen hatten, wurden niedergemetzelt, und Kaiser Justinian I. konnte weiter regieren.

Die Siegerdenkmäler der Rennbahn

Ein niedriges Podest, die sogenannte Spina, verband in der Mitte der Rennbahn die Siegerdenkmäler miteinander, von denen einige noch auf dem schön hergerichteten Platz zu sehen sind. Ursprünglich lag das Hippodrom rund 3,5 Meter tiefer. Erhalten sind noch drei Siegerdenkmäler aus der byzantinischen Zeit und ein Denkmal von 1895. Der achteckige, von Mosaiken geschmückte Brunnen am Nordende des Platzes war ein Geschenk Kaiser Wilhelms II. an Sultan Abdülhamit II., da dieser deutschen Wissenschaftlern die Erlaubnis gab, die Hagia Sophia zu erforschen. Der Brunnen erhielt somit den Namen Alman Çeşmesi (»Deutscher Brunnen«). Der sich südlich des Brunnens erhebende Obelisk ist eines der Siegerdenkmäler, die das Hippodrom heute noch zieren. Diesen Ägyptischen Obelisken (Dikilitaş) ließ Kaiser Theodosius I. im Jahr 390 unter äußerst schwierigen Bedingungen aus dem Tempel des Amun-Re in Karnak (Theben) nach Konstantinopel bringen. Für den Aufbau der mit dem Schiff transportierten rosafarbenen Granitsäule benötigte man 32 Tage. Im 18. Jahrhundert konnte man auch die Hieroglyphen auf der Säule entziffern. Sie nennen auf allen vier Seiten den Reichsgott Thebens, Amun, und Pharao Thutmosis III., dem zu Ehren die Säule errichtet wurde, sowie das Erbauungsjahr 1550 v. Chr. Der Steinsockel mit Reliefs, die den Kaiser und seine Familie, Hofbeamte, Musikanten und die Gesandten fremder Völker zeigen, stammt aus der Zeit des Kaiser Theodosius I. (347–392). Das nächste Siegerdenkmal stellt die bronzene Schlangensäule (Yılan Sütun) dar, die Konstantin der Große stiftete. Sie stammt aus dem Apollon-Heiligtum in Delphi und wurde ursprünglich im 5. Jahrhundert von 31 griechischen Städten in Auftrag gegeben, die einen großen Sieg gegen die Perser erlangten. Die 5,50 Meter große, aus drei Schlangen gebildete Säule war einst acht Meter hoch und sollte vor Ungeziefer und Schlangen schützen. Im Archäologischen Museum kann man den einzigen Schlangenkopf sehen, der von der Säule gefun-

den wurde. Das dritte Denkmal ist der Gemauerte Obelisk (Örme Sütun), der im 10. Jahrhundert aus Kalksteinen gebaut wurde. Ursprünglich war er mit vergoldeten Platten ummantelt, und seine Spitze schmückte eine bronzene Kugel. Kaiser Konstantin VII. ließ den Obelisken zu Ehren seines Großvaters, Basileios I., errichten.

Der Pferdeplatz der Osmanen

Einen neuen Namen und neue Funktionen bekam das Hippodrom zur Zeit der Osmanen. Sie nannten die nunmehr als Markplatz, Kampfplatz, Ort für gesellschaftliche Ereignisse wie Beschneidungsfeiern und Hochzeiten genutzte Arena *At Meydanı*, »Pferdeplatz«. Weiterhin tummelten sich hier allerdings die Rebellen.

Als man Steine und Bauteile für den Bau der Blauen Moschee und des Topkapı-Palastes benötigte, begann man, das alte Hippodrom, seine Prunktore und Tribünen auseinanderzubauen. Ein gewaltsames Ereignis fand auch unter den Osmanen auf dem großen Platz statt: Sultan Mahmud II. (1785–1839) beschloss nämlich im Jahr 1826, die alte Elitetruppe des Sultans, die Janitscharen, aufzulösen, um eine neue Armee zu bilden. Da die Janitscharen selbstverständlich nicht damit einverstanden waren, versammelten sie sich im Hippodrom. Da der Sultan dies erwartete, hatte er seine neuen Truppen im gesamten Gebiet verteilt. Neue Waffen halfen den neuen Truppen bei der Hinrichtung der einst wichtigen Elitetruppe des Sultans.

OSMANISCHES LEBEN UND HANDWERK

Der einzige Palast, der in osmanischer Zeit nicht für einen Sultan erbaut wurde, ist der Palast des Großwesirs Ibrahim Paşa (1493–1536). Der alte Palast, der ein Geschenk Süleymans des Großen an seinen Jugendfreund war, den er später jedoch hinrichten ließ, liegt an der Nordseite des Hippodroms und beherbergt seit 1983 das Museum für türkische und islamische Kunst (Türk ve İslam Eserleri Müzesi). Zu sehen sind etwa 400 000 Exponate aus den Bereichen Kunsthandwerk und Handwerk seit dem 8. Jahrhundert v. Chr. Im Erdgeschoss wird der Alltag osmanischer Kulturen wie z.B. der Nomaden aus dem östlichen und zentralen Kleinasien erklärt. Im Obergeschoss ist eine Teppichsammlung besonders sehenswert. Interessant sind außerdem die Exponate aus den Bereichen Kalligrafie und Keramikproduktion.
Zur Zeit unserer Recherche war das Museum wegen Renovierungsarbeiten geschlossen. Die Wiedereröffnung ist allerdings für 2014 geplant.

WEITERE INFORMATIONEN

Museum für türkische und islamische Kunst: www.tiem.gov.tr

Wie in allen Moscheen sollten Frauen auch in der Kleinen Hagia Sophia ein Kopftuch tragen (oben). Das byzantinische Bauwerk präsentiert sich schlicht-elegant und mit hellen Farben (rechte Seite unten).

5 Kleine Hagia Sophia

Spuren der einstigen Pracht

Unterhalb der Blauen Moschee führen die Straßen und Gassen durch das ehemalige Areal der byzantinischen Kaiserpaläste. Obwohl von den Palästen heute kaum noch etwas erhalten ist, zeugen die Küçük Ayasofya Camii (Kleine Hagia Sophia), eine zur Moschee umgewandelte hübsche Kirche der Byzantiner, und die erhaltene Fassade des Bukoleon-Palasts am Marmarameer noch davon.

Nachdem Byzanz zur Hauptstadt des Oströmischen Reiches erhoben wurde, ließ man im 4. Jahrhundert einen rund 100 000 Quadratmeter großen Palastkomplex erbauen, der sich – kaum vorstellbar – in der touristischen Gegend unterhalb der Blauen Moschee bis hin zum Marmarameer erstreckte. Der Palastkomplex, der während des blutigen Nika-Aufstands im Jahr 532 schwerwiegende Schäden erlitt, wurde bis ins 11. Jahrhundert von vielen Kaisern ausgebaut. Mit der Errichtung des Blachernen-Palastes im Norden der Stadt durch Kaiser Alexios I. Komnenos (1048–1118) begann der Komplex zu verfallen. Die Osmanen nutzten den Baugrund später, um Wohnraum zu schaffen, sodass heute bis auf die Kleine Hagia Sophia kaum noch Spuren der großen Kaiserpaläste zu erkennen sind.

Gut erhaltener Sakralbau

Die ehemalige byzantinische Kirche Hagioi Sergios kai Bakchos wurde nach der Eroberung Konstantinopels zu der Moschee Küçük Ayasofya Camii, also »Kleinen Hagia Sophia«-Moschee, umgewandelt. Die Architektur des Sakralbaus aus dem 6. Jahrhundert, die Teil der Kaiserpaläste war, begeisterte so sehr, dass man sie als Vorbild für das karolingische Oktogon (Pfalzkapelle) des Aachener Doms nutzte, das Karl der Große gegen Ende des 8. Jahrhunderts erbauen ließ. Seine Schlichtheit und Eleganz präsentiert das byzantinische Bauwerk in seinem Inneren. Die Kuppel des äußerlich recht ungleichmäßig wirkenden Baus wird von acht symmetrisch aufgestellten Pfeilern getragen. 16 schlanke Säulenpaare aus grünem und rotem Marmor befinden sich zwischen den Pfeilern und gliedern den Innenraum in eckige und runde Nischen. Markant ist besonders die Inschrift des Architravs, die die Namen der Stifter und den Namen des Heiligen Sergios in griechischen Buchstaben zeigt. Die weiß getünchten Wände erhielt das Gotteshaus erst in osmanischer Zeit.

Kaiser Justinian I. und seine Frau Theodora ließen die den Märtyrern Sergios und Bakchos geweihte Kirche auf dem Gelände des Hormisdas-Palastes gleich neben einer älteren, Petrus und Paulus geweihten Kapelle, erbauen. Mit dieser

teilte sich das neue Gotteshaus die Vorhalle und das Atrium. In der osmanischen Zeit wurde die Kirche unter Sultan Beyazit II. (um 1447–1512) zur Moschee umgewandelt. Die notwendigen Umbauten, um die Kirche den islamischen Normen anzupassen, erfolgten dann zu Beginn des 16. Jahrhunderts unter Hüseyin Ağa, dem obersten der schwarzen Eunuchen. Dieser ließ die Vorhalle neu errichten, die christlichen Symbole entfernen sowie eine Gebetsnische und eine Predigerkanzel aufbauen. Gegenüber der Moschee wurde außerdem die Koranschule Hüseyina a Medresesi erbaut, in der man heute Kunsthandwerkern bei der Arbeit zusehen kann. Im friedvollen Innenhof kann man lange verweilen, Tee trinken, Wasserpfeife rauchen und natürlich handgemachte Souvenirs kaufen. Außer ein paar Enten, Katzen und Kaninchen sind dort kreative Miniaturmaler, Flötenbauer, Holzschnitzer, Kalligrafen sowie Künstler für Blockdruck und Perlmuttintarsien ansässig.

Die letzten Palast-Reste

Geht man von der Küçük Ayasofya Camii rechts hinunter zum Marmarameer, sieht man einige Hundert Meter weiter links an der Kennedy Caddesi noch die einzige erhaltene Fassade der byzantinischen Palastanlagen. Die mittlerweile überwucherten Mauerreste des Bukoleon-Palasts aus dem Jahr 842 liegen an einer kleinen Grünanlage. Der Name des Palasts ist vermutlich angelehnt an die dort einst den anliegenden Hafen schmückenden Löwen- und Stier-Skulpturen. Auffällig an der alten Fassade sind die erhaltenen Marmorrahmen in den drei mittleren, überwölbten Fenstern. Im Westteil der Fassade wurden Marmorsäulen und dorische Kapitelle eingearbeitet.

FRESS- UND VERGNÜGUNGSMEILE

Das geschichtsträchtige, viel besuchte Fischerviertel Kumkapı ist mit seinen zahllosen Fischtavernen die wohl bekannteste Ausgehmeile der Altstadt und wird seit Jahrhunderten von vielen Kulturen geprägt. Wer in Sultanahmet wohnt und einen Abend zwischen vielen Menschen unweit seines Hotels verbringen möchte, ist in Kumkapı richtig aufgehoben. Die Nachbarschaft am Marmarameer verwandelt sich am Abend in ein stimmungsvolles Gebiet mit traditioneller Musik, viel Tanz und frischem Fisch, der leider oft seinen überteuerten Preis hat. Dennoch kann ein Bummel entlang der zahlreichen Fischrestaurants, die sich rund um den Hauptplatz Kumkapı Meydanı und die Fressmeile Ördekli Bakkal Sokağı angesiedelt haben, zu einem Erlebnis werden. Lautstark um Kundschaft werbende Kellner, viel *rakı* und Wein, musizierende Roma, sich im Bauchtanz übende Touristen und viel Essen schaffen eine wuselige, tolle Atmosphäre.

WEITERE INFORMATIONEN

Hüseyinağa Medresesi: Küçükayasofya Cad., Sultanahmet, täglich 10 Uhr – Sonnenuntergang

Der Rummel bleibt draußen: Bei den Kunsthandwerkern in der Hüseyinağa Medresesi geht es gemächlich zu.

Idealer Snack für Naschkatzen: das überall angebotene Geleekonfekt *lokum* (oben). Ruhesuchende können sich in die Binbirdirek-Zisterne zurückziehen (unten). Imposant erhebt sich die uralte Konstantinssäule zwischen den neuen Bauten (rechts).

6 Divanyolu Caddesi

Hauptstraße der Byzantiner und Osmanen

Viele Jahrhunderte war die Divanyolu Caddesi Kulisse prunkvoller Prozessionen der Kaiser und der prächtigen Einmärsche der Sultane und Großwesire zum Palast. Die einstige Prachtstraße von Byzantinern und Osmanen ist heute die Hauptverkehrsstraße in Istanbuls Altstadt. Hier trifft man auf jahrhundertealte Monumente, viel Verkehr und echt türkisches Leben.

Die von den Byzantinern »Mittelweg« (griechisch *mese*) und später von den Osmanen »Straße des Rates« genannte Divanyolu Caddesi führte schon in byzantinischer Zeit von den alten Kaiserpalästen, die südlich des Hippodroms standen, zu der Stadtmauer im Westen der Altstadt-Halbinsel. Die einst 25 Meter breite Straße durchquerte zwei wichtige, mit Säulenhallen umrahmte Foren der Byzantiner: das konstantinische und das Theodosius-Forum. Nachdem die Osmanen die Straße ausgebaut hatten, wurden an ihr immer mehr Mausoleen und Grabstätten errichtet, die man bis heute dort besichtigen kann. Selbstverständlich wird die Straße, die von Sultanahmet nach Westen führt, heute aber auch von vielen Läden für Einheimische und Touristen gesäumt. In den umliegenden Gassen findet man außerdem einfache und gute Lokale, die mit vernünftigen Preisen und leckeren Gerichten Einheimische und die Studenten der nahe liegenden Universität Istanbul locken.

Erst Ende der 1960er-Jahre hat man zwischen der Yerebatan und der Divanyolu Caddesi die Überreste des Miliarium Aureum entdeckt. Der kurz nur »Milion« genannte Marmorblock war Teil eines monumentalen Triumphbogens aus dem 4. Jahrhundert. Der Meilenstein markierte den Beginn von Konstantinopels Hauptstraße, die am Forum Augusteum begann und an der Porta Aurea, dem Goldenen Tor der Landmauer, endete. Der Meilenstein, als Zentrum des Reiches, diente in byzantinischer Zeit dazu, alle Entfernungen innerhalb des Reiches zu messen. Gleich dahinter erhebt sich der ehemalige Wasserturm aus osmanischer Zeit. Davor sorgte der vom Chef der schwarzen Eunuchen Hacı Beşir Ağa im Jahr 1745 gestiftete Brunnen für die Wasserversorgung des Volkes.

Moscheen, Grabstätten und Bücher

Auf der anderen Straßenseite sieht man etwa 100 Meter weiter die kleine Firuz Ağa Camii. Die Moschee mit nur einem Minarett ließ der Schatzmeister des Sultans Beyazit II., Firuz Ağa, im Jahr 1491 erbauen. In einem kleinen Parkgelände dahinter grub man die Ruinen des Antiochos- und des Lausos-Palastes aus dem 5. Jahrhundert aus. Gefundene Fresken

BÜFC ELİT
www.bufeelit.com
Çemberlitaş
Hamamı
ÜÇEL
CHANGE OFFICE
makarna sarayı
SARAYI

An der einstigen Hauptstraße Istanbuls sind viele Sultane beigesetzt, hier die Türbe Sultan Mahmuds II. (rechte Seite unten). In der »Çorlulu Ali Paşa Medresesi« trifft man sich in einzigartigem Ambiente zur Wasserpfeife (oben und unten).

aus dem 13. Jahrhundert weisen auch auf die hexagonale Kirche hin, die dort im 6. Jahrhundert eingerichtet wurde und der heiligen Euphemia geweiht war. Gen Westen trifft man auf der rechten Seite der ehemaligen Prachtstraße auf einen osmanischen Friedhof und die Grabtürbe von Sultan Mahmud II. Die Türbe (türkisch für Mausoleum) des Sultans, der im Jahr 1826 die Janitscharen auf dem At Meydanı ermorden ließ, wurde dort von seinem Sohn Abdülmecid I. (1823–1861) gebaut. In der oktogonalen Türbe wurden auch der Sohn Mahmuds II., Abdülaziz, und sein Enkel Abdülhamit II. bestattet. Auf dem angrenzenden osmanischen Friedhof, der mit seinen auffallenden, reich verzierten Grabsteinen und Stelen für Laien ansehnlicher ist als die Türbe, wurden zahlreiche osmanische Staatsmänner und Adlige begraben. In der hinteren Ecke des Friedhofs kann man abseits des Trubels im Teegarten eine Rast einlegen und sich bei einem Getränk entspannen.

Wiederum auf der anderen Straßenseite steht umgeben von schattigen Bäumen die auffällige Köprülü-Bibliothek, eine der ersten öffentlichen Bibliotheken Istanbuls. Mit ihrer Errichtung erfüllte der albanischstämmige Großwesir Fazıl Mehmet Paşa im Jahr 1678 einen der letzten Wünsche seines Vaters, des Großwesirs Köprülü Mehmet Paşa, der während seiner Amtszeit wichtige Reformen in Gang setzte. Etwas weiter westlich trifft man dann auf die von der gleichen Familie gestiftete Külliye (Stiftungskomplex) mit kleiner Moschee, der Türbe, in der Köprülü Mehmet Paşa, sein Sohn und sein Enkelsohn bestattet wurden, und einem blumenreichen Innenhof.

Zeugnisse aus alter und uralter Zeit

In einem stattlichen Wohnhaus aus dem 19. Jahrhundert, das man auf der anderen Straßenseite sieht, ist das Pressemuseum (Basın Müzesi) untergebracht. Das Museum erinnert daran, dass in diesem Viertel einst viele Zeitungsredaktionen und Verlage ansässig waren. Das vom türkischen Journalistenverband geführte Museum dokumentiert das türkische Zeitungswesen seit dem 16. Jahrhundert. Interessant sind die Kamera-Sammlung bekannter türkischer Journalisten und eine große Maschine für Lithografie aus dem Jahr 1870.

Nur ein paar Schritte westlich des Pressemuseums erreicht man den Çemberlitaş Meydanı, der mit der riesigen Konstantinssäule die Stelle des ehemaligen konstantinischen Forums aus dem 4. Jahrhundert markiert. Die bei der Erhebung von Byzanz als Hauptstadt des Römischen Reiches im Jahr 330 aufgestellte, ehemals 50 Meter hohe Säule gilt als eines der ältesten Monumente der Stadt. Sie war einst die Attraktion des Forums, dessen östliche und westliche Einmündungen von imposanten Torbauten mit Statuen geschmückt waren.

Die Säule, die sich aus neun Porphyrtrommeln zusammensetzte, trug ein Standbild von Kaiser Konstantin, das ihn als Sonnengott Helios zeigte. Kaiser Konstantin, der versuchte, die heidnische mit der christlichen Bevölkerung zu versöhnen, soll im Fundament eigenhändig heidnische und christliche Reliquien eingemauert haben, darunter eine Statue der mythologischen Göttin Athene, die Axt Noahs, der wasserspendende Stein des Moses und sogar Splitter und Nägel vom Kreuz Christi. Erhalten sind aller-

dings nur noch der Schaft und das Kapitell der Säule. Da die Säule bei einem schweren Brand 1779 beschädigt wurde, ließ Sultan Abdülhamit I. sie mit starken Eisenreifen sichern. Daher auch der neue Name »Çemberlitaş« (bereifter Stein).

Osmanische Vermächtnisse am Platz

Am Westende des Çemberlitaş Meydanı erhebt sich die Gazi-Atikali-Paşa-Moschee mit angrenzender Koranschule und Grabtürbe aus dem Jahr 1496. Die Moschee, die Hadım Ali Paşa, ein Sklave bosnischer Herkunft, der unter Sultan Beyazıt II. zum Großwesir ernannt wurde, stiftete, erinnert in ihrer Architektur an die frühosmanischen Baustile. Durch den etwa 22 mal 28 Meter großen Hauptraum und die weite Kuppel zeugt sie vom späteren Gedanken des Einheitsraums. Einige Meter weiter in dem gemütlichen Hof der 1593 errichteten Koca-Sinan-Paşa-Medrese lohnt sich eine kleine Teepause. Den Hof, der lange von Schuhmachern genutzt wurde und später als Fakultätsgebäude der Universität Istanbul diente, erreicht man durch das Tor zur Türbe des Großwesirs Koca Sinan Paşa. Wer *nargile*, Wasserpfeife, rauchen möchte, kann einige Meter weiter in den fast 300 Jahre alten Gemäuern der Çorlulu Ali Paşa Medresesi, einer ehemaligen Koranschule, Platz nehmen. Im schattigen Innenhof des Erenler Çay Bahçesi macht man es sich auf Sesseln und Bänken gemütlich und kann stundenlang die verschiedenen Sorten des Wasserpfeifentabaks genießen.

DIE BESTEN *KÖFTE* IN DER GANZEN ALTSTADT

Schon seit 1920 ist das einfache Lokal »Tarihi Sultanahmet Köftecisi« eine der bekanntesten Adressen der Stadt, wenn es um *köfte* geht. In dem Lokal am Anfang der Divanyolu Caddesi werden die kleinen Hackfleischbällchen nun in der vierten Generation zubereitet. An den Wänden hängen zahlreiche Erinnerungen: viele Fotos und Zettel mit Verewigungen türkischer Schriftsteller, Politprominenz und Journalisten. Zu den pikanten, aber nicht zu stark gewürzten *köfte* werden üblicherweise Brot, Reis *(pilav)* und grüner Salat mit weißen Bohnen *(piyaz)* bestellt. Die Chili-Paste *Acılı Ezme* ist allen zu empfehlen, die es gern feurig-scharf mögen. Und Leckermäuler sollten nach dem Hauptgericht um den Grieß-Zimt-Kuchen *Irmik Helvası* bitten. Alkohol wird hier nicht serviert.

WEITERE INFORMATIONEN

Tarihi Sultanahmet Köftecisi:
www.sultanahmetkoftesi.com

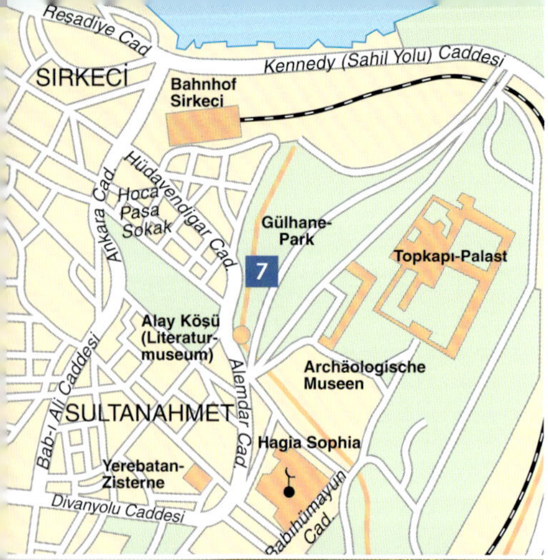

Vom Trubel der Metropole flüchtet man sich in den Gülhane-Park (oben). Wer etwas über die Wissenschaft und Technik im Islam erfahren möchte, darf das moderne Museum nicht verpassen (unten). Die Moschee Zeynep Sultan steht mitten im Grünen (rechte Seite unten).

7 Gülhane-Park

Ein Fleckchen Grün in der Altstadt

Mitten im geschäftigen Viertel Sultanahmet sorgt eine der weitläufigsten Parkanlagen Istanbuls für Entspannung – abseits von Hektik, Verkehr und Menschenmassen. Der Gülhane-Park (Gülhane Parkı) ist eine Ruheoase im Trubel der Millionenmetropole und der perfekte Ort, um sich während eines Sightseeing-Marathons zurückzuziehen oder aber vielleicht doch noch ein weiteres Museum zu besuchen.

Einst gehörte der idyllische und gut gepflegte Gülhane Parkı (Rosenhaus-Park) zum äußeren Garten der Topkapı-Palastanlage. Inzwischen ist der Park, der sich über rund einen Kilometer nordwestlich unterhalb des Palast-Hügels erstreckt, jedoch für alle Ruhesuchenden öffentlich zugänglich – seit sich Sultan Mehmed V. (1844–1918) im Jahr 1912 dafür entschied, den Parkabschnitt seinem Volk zur Verfügung zu stellen. In der bewaldeten Anlage trifft man auf diverse Tierskulpturen, Brunnen und Wasserspiele sowie hübsch angelegte Tulpen- und Rosenbeete. Der Haupteingang des Parks, das Tor des kalten Brunnens (Soğukçeşme Kapısı), liegt an seinem südlichen Ende. Noch bevor man die Parkanlage betritt, fällt gleich links der polygonale Pavillon der Festaufzüge (Alay Köşkü) auf. Der Pavillon, der an der Außenmauer zu kleben scheint, wurde 1819 restauriert. Er diente dem Sultan dazu, den Amtssitz des Großwesirs hinter der imposanten Hohen Pforte, dem Bâb-ı Âli, außerhalb des Parks zu beobachten. In den Gebäuden hinter dem Rokoko-Tor haben sich mittlerweile die Verwaltungsräume der Provinz Istanbul einquartiert. Im Alay Köşku hingegen können Interessierte seit 2011 das Museum für türkische Literatur besichtigen. Es widmet sich dem türkischen Schriftsteller Ahmed Hamdi Tanpınar (1901–1962), der in seinen Werken den Osten mit dem Westen vereinte. Schön sitzt man auch im kleinen Museumscafé.

Islamische Wissenschaft und Technik

Ein Museum, in dem mehr Ruhe herrscht als in den bekannten Museen Sultanahmets, ist jenes für Geschichte der Wissenschaft und Technik im Islam (Islam Bilim ve Teknoloji Tarihi Müzesi) auf der Westseite des Parks. Seinen Eingang markiert ein Globus, der eine kugelförmige Projektion der im 9. Jahrhundert bekannten Welt zeigt – an diesem Projekt haben zahlreiche Geografen und Astronomen drei Jahrzehnte lang gearbeitet. Das moderne Museum ist seit 2008 im restaurierten Gebäudekomplex der Palast-Reitställe untergebracht und zeigt auf etwa 3500 Quadratmetern, die sich auf zwei Etagen verteilen, über 500 originalgetreue Rekonstruktionen arabisch-islami-

scher Erfindungen. Ausgestellt sind wissenschaftliche Instrumente und Vorrichtungen aus den Bereichen Astronomie, Zeitmessung, Kriegstechnik, Medizin, Physik, Mathematik und Geografie, Architektur und Stadtplanung, Mineralien, Optik und Chemie. Gründungsvater des Museums ist Professor Fuat Sezgin vom Institut der Arabisch-Islamischen Wissenschaften der Goethe-Universität in Frankfurt am Main, der während seiner 20-jährigen Forschungsarbeit die Rekonstruktionen anhand handschriftlicher Zeugnisse und Zeichnungen aus dem 9. bis zum Ende des 16. Jahrhunderts nachbauen ließ. Das Highlight des Museums ist das Modell der vermutlich ältesten erhaltenen Wasseruhr, die im Jahr 1362 erbaut wurde. Die mit Wasserstrom betriebene Uhr zeigte in der Qarawiyin-Moschee im marokkanischen Fès die Gebetszeiten an, indem sie den Tag in 24 Stunden teilte. In 24 Messingschalen fielen kleine Kugeln für Minuten und große für die Stunden. Jeweils 4 Minuten wurden von einem Zeiger markiert.

Relikt aus römischer Zeit

Zwischen den Bäumen befindet sich am nördlichen Ende des Gülhane-Parks die 15 Meter hohe Gotensäule. Die römische Siegessäule aus monolithischem Marmor steht auf einem zweistöckigen Sockel mit der lateinischen Inschrift »FORTUNAE REDUCI OB DEVICTUS GOTHOS« – Hinweis auf einen Sieg des Römischen Reichs gegen die Goten. Da die Säule allerdings nicht datiert ist, ist nicht klar, ob es um den Sieg im Jahr 269 unter Claudius Gothicus oder im Jahr 332 unter Kaiser Konstantin dem Großen geht. Das korinthische Kapitell soll einst die Statue des legendären Stadtgründers Byzas aus Megara getragen haben.

ENTSPANNUNG PUR MIT AUSSICHT BEI *ÇAY*

Am nördlichen Ende des Gülhane-Parks erstreckt sich auf einem terrassenartig angelegten Bereich der äußerst beliebte Teegarten »Setüstü Çay Bahçesi«. In diesem Garten, der sich über acht Ebenen ausbreitet, kann man den türkischen Tee *çay* genießen. Die fantastische Aussicht reicht über den Bosporus mit den Passagierschiffen, die zwischen Europa und Asien pendeln, den kleinen Fischerbooten und Motorjachten und den gigantischen Kreuzfahrt- oder Containerschiffen bis hin zu den Çamlıca-Hügeln im Osten und Levent mit seinen Wolkenkratzern im Norden. Serviert wird der Tee in der kupfernen Doppelkanne *Semaver*. Der Vorteil dieser Kanne ist nicht nur, dass man mehr als ein Glas trinken kann, sondern vor allem, dass man sich seinen *çay* je nach Belieben stark oder schwach selbst mixen kann. Üblicherweise mischt man einen Teil Teekonzentrat aus der oberen Kanne mit zwei Teilen Wasser aus der unteren Kanne.

WEITERE INFORMATIONEN

Literatur-Museum (Ahmed Hamdi Tanpınar Edebiyat Müze Kütüphanesi): Gülhane Parkı, Tel. 0212/520 20 81

Museum für Geschichte der Wissenschaft und Technik im Islam: www.ibttm.org

Markant ist das Hauptgebäude (oben) des Museumskomplexes, dessen Teegarten zwischen alten Säulenteilen liegt (unten). Bemerkenswert sind antike Statuen (rechts oben) und Exponate aus allen Herrschaftsgebieten des Osmanischen Reichs (rechts unten).

8 Archäologische Museen

Einblicke in jahrtausendealte Geschichte und Kultur

Istanbuls Archäologisches Museum (Arkeoloji Müzeleri) ist ein dreiteiliger Museumskomplex, der zu den bedeutendsten der Türkei zählt. Die Museen berichten anhand von jahrtausendealten Exponaten von der Kultur und Geschichte Istanbuls, der Türkei und der verschiedenen Herrschaftsgebiete des Osmanischen Reichs und lassen tief in die Vergangenheit des Landes blicken.

Bereits 1881 begann der türkische Maler und angesehene Archäologe Osman Hamdi Bey mit der Übernahme der Direktion des Vorgängermuseums Müze-i Hümayun, des Reichsmuseums, die archäologischen Funde Istanbuls aufzuwerten. Der Archäologe, der die bedeutenden Ausgrabungen in der Nekropole von Sidon (Libanon) leitete, ließ im Jahr 1883 nahe dem 1472 erbauten Fayencen-Pavillon zunächst eine Kunstakademie errichten und die Ausfuhr von archäologischen Funden aus dem Osmanischen Reich verbieten. Da der Platz knapp wurde, ließ er vom französischen Architekten Alexander Vallaury einen neuen, 190 Meter langen Museumsbau planen. Das neoklassizistische Gebäude öffnete seine Pforten im Jahr 1891 und 1903 bzw. 1907 entstanden der Nord- und der Südflügel. Der letzte Anbau erfolgte 1983. Die Exponate aus der prähistorischen bis zur osmanischen Zeit verteilen sich auf alle drei Gebäude.

Altorientalische Kunst

Betritt man das Gelände der Archäologischen Museen, gelangt man zunächst in das einstige Gebäude der Kunstakademie, in dem heute die Sammlung altorientalischer Kunst (Eski Şark Eserleri Müzesi) untergebracht ist. Den Treppenaufgang vor dem Eingang flankieren zwei hethitische Löwen aus Basalt. Im Inneren warten in neun ineinander übergehenden Sälen zahlreiche Funde ab dem 3. Jahrtausend v. Chr. aus Ägypten, Mesopotamien und Kleinasien. Mit Exponaten wie kleinen Heiligenstatuetten, die kubische Körper haben, widmet sich das Museum der arabischen Kunst. Viele Statuen ägyptischer Götter der Mythologie berichten von der Kultur der Ägypter: die Fruchtbarkeitsgöttin Bastet in Form einer sitzenden Katze aus Holz und Bronze, der Himmels- oder Königsgott Horus, ein Falke, oder Apis, der heilige Stier von Memphis, ein weiteres Symbol für die Fruchtbarkeit. Anhand von anthropoiden Sarkophagen und Mumien, die in der Nekropole Deir el-Bahri nördlich von Theben gefunden wurden, wird das Bestattungsritual der Altägypter verdeutlicht. Zeugnisse der Babylonier und Assyrer bilden die wichtigste Sammlung der mesopotamischen Kunst und Kultur. He-

Bei genauem Hinsehen erkennt man beachtliche Details (oben). Zu den bekanntesten Exponaten gehören der Friedensvertrag von Kadesch (Mitte) und der Alexander-Sarkophag (unten). Hübsch ist der geflieste Eingangsbereich des Fayencen-Pavillons (rechte Seite unten).

rausragend ist die Stele des Königs Naram-Suen von Akkad aus dem 3. Jahrtausend v. Chr. Die dunkle Stele aus Diorit zeigt den König mit einer Waffe, die seine Autorität und seinen Beschützerinstinkt gegenüber dem Volk symbolisiert. Absolutes Highlight des Museums sind die unter Verwendung von Originalfragmenten rekonstruierten Reliefs vom prachtvollen Ischtar-Tor von der Stadtmauer Babylons und der ummauerten Prozessionsstraße aus der ersten Hälfte des 6. Jahrhunderts. Das rekonstruierte Tor und ein Teil des Prozessionsweges sind hingegen im Pergamonmuseum in Berlin untergebracht. Sowohl Tor als auch die Mauern des Prozessionsweges schmücken blau glasierte Ziegel mit Tierdarstellungen. Die glasierten Terrakotta-Reliefs bilden Löwen, Stiere und Drachen ab, die die Hauptgottheiten Babylons symbolisieren. Der Höhepunkt im Bereich der altorientalischen Kunst ist in der anatolischen Sammlung zu finden. Dort wird der auf einer Keilschrifttafel im Jahr 1259 v. Chr. festgehaltene Friedensvertrag von Kadesch ausgestellt. Diesen in Hattuscha (Boğazköy) gefundenen Vertrag, der im Übrigen einer der ältesten dieser Art ist, haben der hethitische König Hattusili II. und der ägyptische Pharao Ramses II. geschlossen. Die hier präsentierte ist eine von insgesamt drei erhaltenen Ausfertigungen.

Eine grandiose Sammlung

Nächster Halt auf dem Gelände ist das schräg gegenüberliegende dreistöckige Hauptgebäude des Museumskomplexes, das aufgrund seiner umfangreichen und unterschiedlichen Sammlungen allgemein »Archäologisches Museum« (Arkeoloji Müzesi) genannt wird. Jahrtausendealte Statuen, Skulpturen und Büsten, die in unterschiedlichsten Ausgrabungsstätten des Osmanischen Reichs gefunden wurden, sind in acht Räumen des Südtrakts ausgestellt. Die Funde stammen aus verschiedenen Epochen zwischen der archaischen bis zur römischen Zeit, also etwa von 750 v. Chr. bis ins 7. Jahrhundert n. Chr. Im neuen Nebentrakt werden antike Exponate aus Byzanz' Nachbargegenden Thrakien, Bithynien und Chalkedon sowie byzantinische Funde wie Schmuck und Mosaike präsentiert. Außerdem geht es um die Wandlung Istanbuls seit der prähistorischen Zeit – hier ist auch noch ein Stück der massiven Kette zu sehen, die von den Byzantinern zum Schutz für das Goldene Horn genutzt wurde – und um die Frühgeschichte Anatoliens. In dieser Abteilung begeistern unter anderem Funde aus dem Troja der Bronzezeit. Weitere Ausstellungsstücke stammen aus Zypern, Palästina und Syrien, wie etwa die Rekonstruktion von Grabanlagen.

Die bekanntesten Fundstücke des gesamten Museumskomplexes sind jedoch im Nordtrakt untergebracht, in dem auch antike Grabstelen, lykische Monumente und Figurenfriese zu sehen sind. Osman Hamdi Bey konnte bei seinen bedeutenden Grabungen in zwei Grabkammern in Sidon wertvolle Funde machen. In drei Sälen werden die eindrucksvollen Sarkophage, hervorragende Arbeiten der damaligen Steinmetze, präsentiert. Der Alexander-Sarkophag von 310 v. Chr. ist aufgrund seiner kunstvollen Reliefs der außergewöhnlichste und bekannteste der Sammlung. Anders als man aufgrund des Namens glauben könnte, wurde in

dem Sarkophag nicht Alexander der Große (356–323 v. Chr.) begraben, sondern ein phönizischer König. Den Namen hat der unversehrte Sarkophag den Jagd- und Kriegsszenen Alexanders des Großen zu verdanken, die ihn auf den Längsseiten zieren. Von feiner Bildhauerkunst zeugen außerdem der Klagefrauen-Sarkophag (4. Jahrhundert v. Chr.) und der fast vier Meter lange Sidamara-Sarkophag (3. Jahrhundert v. Chr.).

Kunstvolle Fliesen und Keramiken

Der älteste profane Bau der Stadt ist der Fayencen-Pavillon (Çinili Köşk Müzesi), der dritte Teil der Archäologischen Museen, in dem Kacheln, Keramiken und Mosaiken aus dem 11. bis zum 20. Jahrhundert ausgestellt sind. Dort wird anhand von rund 2000 Exponaten das wichtigste Kunsthandwerk des Osmanischen Reiches präsentiert: die Produktion von hübsch verzierten Kacheln. Die Ausstellung umfasst Keramik und Fayencen aus der seldschukischen Epoche (11. bis 14. Jahrhundert) bis hin zu den bekannten Fliesen aus İznik aus dem 16. und 17. Jahrhundert.
Sehr schön sind in den Räumen auch die mit geometrischen und floralen Mustern verzierten Fliesen geschmückte Gebetsnische und ein Jungbrunnen, der von blau-goldenen Kacheln umgeben ist.
Eine andersartige, außergewöhnliche Sammlung ist die der Çanakkale-Keramik, auf der in braunen, gelben und grünen Farbnuancen Menschen, Tiere, Boote und Rosetten abgebildet sind.

PERFEKT FÜR DEN STÄDTETRIP

Die meisten Istanbul-Besucher halten sich nur vier bis fünf Tage in der Millionenmetropole auf und wollen in der kurzen Zeit natürlich so viele Sehenswürdigkeiten wie möglich besichtigen. Meistens stehen dann die Highlights wie der Topkapı-Palast mit dem Harem, die Hagia Sophia und die Archäologischen Museen auf der Liste, vor deren Kassenhäuschen sich natürlich auch die längsten Warteschlangen bilden. Um Zeit und sogar ein bisschen Geld zu sparen, kann man in Istanbul die Gemeinschafts-Eintrittskarte »Museum Pass« kaufen, die nicht nur die drei oben genannten Einrichtungen, sondern auch das Chora-Museum, das Mosaiken-Museum und das Museum für türkische und islamische Kunst umfasst. Der für 72 Stunden gültige Pass bietet außerdem Vergünstigungen in einigen Museumsshops oder bei kooperierenden Touranbietern. Am besten kauft man die Karte bei einem dieser Museen, bei den mobilen Ständen, die davor aufgebaut werden, oder man fragt im Hotel.

WEITERE INFORMATIONEN

Archäologische Museen: www.istanbularkeoloji.gov.tr
Museum Pass: www.muzekart.com

Besucher, die mit Bussen der Reiseveranstalter anreisen, staunen zunächst über den Brunnen Sultan Ahmets III. (oben). Auch auf der Meerseite ist der Palast fotogen (rechts oben). Eingang zum kostenpflichtigen Bereich ist das Tor der Begrüßung (rechts unten).

9 Topkapı-Palast

Machtzentrum des Osmanischen Reichs

Ihren wichtigsten Palast ließen die Osmanen auf dem Akropolis-Hügel des alten Byzantion erbauen. Bis Mitte des 19. Jahrhunderts wurde der Topkapı-Palast (Topkapı Sarayı) an der strategisch wichtigen Landzunge zwischen Bosporus, Goldenem Horn und Marmarameer von vielen Sultanen bewohnt. Das labyrinthartige Areal auf rund 100 000 Quadratmetern gehört zu den Top-Sehenswürdigkeiten Istanbuls.

Rund 86 000 Antiquitäten, etwa 200 000 Schriftstücke, kostbare Einrichtungsgegenstände und wertvolle Exponate sind in dem Palast, in dem Sultane jahrhundertelang Geschichte schrieben, zu sehen. Der Topkapı Sarayı war bis etwa Mitte des 19. Jahrhunderts bewohnt, als Sultan Abdülmecit I. (1823–1861) den Dolmabahçe-Palast am Bosporus errichten ließ. Als Mustafa Kemal Atatürk im November 1922 das Sultanat abschaffte, erklärte er den vereinsamten Palast zum Museum. In seiner Blütezeit im 17. Jahrhundert beherbergte der Prachtbau rund 4000 Menschen. Die nur wenig veränderten Palasträume und der Harem, der Privatbereich des Sultans, seiner Frauen und Kinder, bieten Besuchern heute einen großartigen Einblick in die Welt der Sultane.

Die ersten Baumaßnahmen auf dem Areal fanden um 1465 unter Sultan Mehmed II. Fatih (1432–1481) statt. Das etwa 70 Hektar große, aus vier Höfen bestehende Gebiet, das er für die Zeltstadt der Janitscharen, der osmanischen Elitetruppe, für eine Schule zur Ausbildung der höchsten Beamten und für die Reichsverwaltung vorsah, ließ er von einer Mauer mit 28 Türmen begrenzen. Der Sultan wohnte weiter im Alten Palast (Eski Saray), der jedoch strategisch ungünstig landeinwärts lag. Nach einigen Bränden ließ Sultan Süleyman der Prächtige (1495–1566) etwa ein Jahrhundert später seinen Sitz und später auch den Harem auf das heutige Gelände des Topkapı-Palastes verlegen. Die Steinbauten, die ältere Holzgebäude ersetzten, entstanden erst nach zwei verheerenden Bränden (1574 und 1665). Mit dem Bau des Harems begann erst Sultan Murad III. (1546–1595). Sultan Mehmed IV. und Sultan Osman III. (1699–1757) erweiterten den Wohntrakt.

Der erste Hof: Alay Meydanı

Der äußere Hof des Palastes, den Besucher meist durch das Tor des Reiches (Bab-ı Hümayun) gegenüber dem 1728 erbauten Sultan-Ahmet-III.-Brunnen am großen Parkplatz betreten, ist frei zugänglich. An diesem Hof lagen die Domizile der Angestellten, die Wirtschaftsbauten, ein Krankenhaus, ein Wasserturm und die Münze. An der rechten Seite des

İhtişam ve Zarafet:
Kore Sanatı
19 Haziran - 29 Eylül 2013
Topkapı Sarayı Müzesi, Has Ahırlar
AUDIO GUIDE

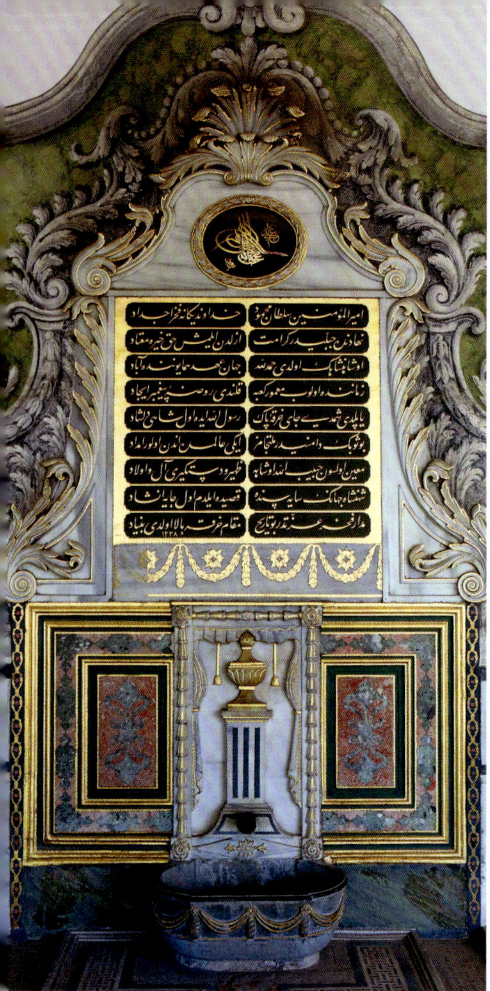

Die Brunnen im Topkapı-Palast (oben) sind opulent verziert. Für noch mehr Schmuck sorgen oft kostbare, auffällige Fliesen (unten). Markant erheben sich die Türme mit spitzen Dächern vor dem Palastgelände (rechts oben).

1478 aus weißem und schwarzem Marmor erbauten Tor des Reiches ist noch ein Richtblock erhalten. Makaber, aber vermutlich überzeugend war die Idee, die Köpfe der Hingerichteten in den Nischen des Tores aufzuhängen.
Gleich beim Betreten des Hofes fällt auf der linken Seite die große, nur noch für Veranstaltungen geöffnete Kirche Hagia Irene (Aya Irini) aus dem 8. Jahrhundert auf. Die einstige Patriarchatskirche von Byzanz wurde nach der Eroberung nicht wie sonst üblich in eine Moschee umgewandelt, sondern als Waffenarsenal genutzt. Heute dient die schlichte, dreischiffige Basilika mit hervorragender Akustik als beliebte Location für Klassik- und Jazzkonzerte. An der Südmauer der Hagia Irene können archäologisch Interessierte die noch recht unbekannten Ruinen mit Trögen und Becken, Säulen aus byzantinischer und frühosmanischer Zeit sowie byzantinischen Kapitellen des Krankenhauses des Heiligen Sampson aus dem 6. Jahrhundert entdecken. Im Osten der Ausgrabungen sieht man außerdem die Zisterne des ehemaligen Wachpostengebäudes, dem heutigen Restaurant-Café »Karakol«. Auf der Nordseite der Hagia Irene schließt sich die im Jahr 1727 erbaute Münze (Darphane-i Amire) an, in der im Sommer viele Ausstellungen und Veranstaltungen stattfinden. Der Eingang zum eintrittspflichtigen Museumsbereich Topkapı Sarayı Müzesi befindet sich an der Nordostseite des ersten Hofes.

Der zweite Hof: im eigentlichen Palastbereich

Den Durchgang vom ersten zum zweiten Hof (Divan Meydanı), der nur von Bediensteten betreten werden durfte, bildet seit dem 15. Jahrhundert das Tor der Begrüßung (Bab-üs Selam). Türen und Treppen innerhalb der großen Torkammer, die nur der Sultan zu Pferde passieren durfte, führten zu Verliesen und Wächterräumen. Von Platanen und Zypressen gesäumte, strahlenförmig ange-

ordnete Wege führen über den Hof, auf dem einst Pfauen und Gazellen lebten und Stallungen, Küchen und Räume der Reichsverwaltung untergebracht waren. Der weitläufige Küchentrakt, in dem an Festtagen etwa 1200 Köche für rund 15 000 Gäste kochten, fällt durch seine konischen Schornsteine auf. Im hinteren Teil des arkadengesäumten Trakts lagen die Wohnungen der Köche und die Magazine. Dort werden heute Keramiken aus dem Osmanischen Reich und Europa sowie die drittgrößte altchinesische Porzellansammlung der Welt ausgestellt. Auf der anderen Seite des Hofes führt das Tor des Todes (Meyyit Kapısı), durch das ursprünglich Verstorbene aus dem Palast gebracht wurden, auf den Hof der Beilträger (Baltacılar). Auf diesem waren die Leibwache des Sultans, die Beşir-Ağa-Moschee eines Eunuchen aus dem 18. Jahrhundert, der Marstall, in dem Kutschen und Zaumzeug ausgestellt sind, zu Hause. Die Räume der Reichsverwaltung befinden sich am nördlichen Ende des zweiten Hofs gleich neben dem Equipagentor (Arabacılar Kapısı), dem Eingang des Harems. Im Diwan, der aus drei überkuppelten Räumen mit auffälligen vergoldeten Gittertoren besteht, tagte einst der Staatsrat unter Vorsitz des Großwesirs. Der Sultan konnte den Sitzungen heimlich in einer vergitterten Loge beiwohnen. Angeschlossen an den Diwan waren auch der Arbeitsraum und die Kanzlei des Großwesirs sowie die Finanzverwaltung des Reiches (Iç Hazine), in der heute eine Waffensammlung präsentiert wird. Markant erhebt sich gleich hinter dem Diwan der 41 Meter hohe Turm der Gerechtigkeit (Adalet Kulesi) mit dem achteckigen Kegeldach, der eine tolle Aussicht über die Dächer des Palastes auf die Stadt bietet.

Sagenumwobener Privatbereich: der Harem

Ein 6700 Quadratmeter großer, verschachtelter und vom restlichen Palast abgetrennter Wohnkomplex aus rund

Die gemütliche Sitzecke mit edlem rotem Stoff diente den Sultanen zum Lesen (oben). Auffällig sind sowohl die vergoldeten Gittertore (unten) als auch die reich verzierte Kuppel des Diwan (links).

Imponierend sind nicht nur die Gemächer des Topkapı-Palastes, sondern auch die Außenbereiche wie auf dem Weg zum dritten Hof (oben und rechte Seite unten) oder am Tor des Glücks (unten). Edelste Materialien wurden auch für den Beschneidungspavillon genutzt (Mitte).

300 Räumen diente dem Sultan, seiner Mutter, seinen Frauen und seinen Kindern als privater Lebensraum. Kein anderer Mann außer dem Sultan und seinen Söhnen durfte den Harem je betreten. Der Harem wurde streng von schwarzen Eunuchen bewacht, sodass es kaum aussagekräftige Berichte über das Geschehen innerhalb der Haremsmauern gibt. Einig ist man sich jedoch über die zahllosen Intrigen, die von den Sultansfrauen um die Gunst des Sultans gestrickt wurden. Jede Mutter eines Sohnes wollte Sultansmutter (Valide Sultan), die mächtigste Frau des Harems, werden. Der Harem umfasste den dreistöckigen Wohntrakt der schwarzen Eunuchen, prächtige Wohngemächer der Lieblingsfrauen des Sultans sowie Bäder und Küchen, die engen Schlafzimmer der Nebenfrauen, ein Hospital und die eindrucksvollen Gemächer der Sultansmutter. Zentrum des Harems war der prunkvolle Hünkar Sofası, in dem sich der Sultan mit seinen Lieblingsfrauen nach seinen anstrengenden Tätigkeiten entspannte.

Ein Hof für Festtage und Audienzen

Das Tor des Glücks (Bab-üs Saadet) verknüpft den zweiten mit dem dritten Hof (Enderun Meydanı). Unter dem von vier Säulen gestützten Dach des Tores fanden die Inthronisationen der Sultane statt. An diesem Hof wurden auch Gesandte fremder Herrscher, der Großwesirs und andere Würdenträger empfangen, und zwar im Audienzsaal (Arz Odazı), der mit einem Thron aus dem Jahr 1596 und einem vergoldeten Kaminaufsatz imponiert. Besichtigen kann man auf dem dritten Hof außerdem die Ağalar Camii, die Moschee der Pagen, in der heute die Palast-Bibliothek untergebracht ist, sowie die 1719 aus weißem Marmor erbaute Bibliothek Ahmets III. Besonders kostbar sind die Exponate in den vier Reliquienhäusern (Hırka-i Saadet Dairesi): die heiligsten Reliquien des Islams wie ein Mantel, ein Schwert, Barthaare und ein Fußabdruck des Propheten Mohammed sowie die Schwerter der vier Kalifen.
In den Wohnungen der Kommissariatspagen findet man sehenswerte Miniaturgemälde und eine Kalligrafiesammlung. Im unter Murad IV. (um 1610–1640) erbauten Gebäude der kaiserlichen Gewänder (Seferli Koğuşu) wohnten einst die Pagen, die den Sultan begleiteten. In der dreischiffigen Halle mit Tonnengewölbe befindet sich eine Sammlung der prachtvollen Sultans- und Prinzengewänder.
Die kostbarste Sammlung findet man jedoch in der Schatzkammer. Highlights sind der Thron Murads IV., der mit Elfenbein und Perlmutt geschmückt ist, und die Stahlnetzrüstung von Mustafa III. mit Gold und Edelsteinen. Außerdem werden kostbare, mit Juwelen geschmückte Trinkgefäße und Kristallkannen aus dem 16. und 17. Jahrhundert, ein Geschenk von Kaiser Wilhelm II., ein Spazierstock mit Brillanten und ein Dolch mit drei großen Smaragden aus dem 18. Jahrhundert präsentiert. Einzigartig ist ein 86-karätiger Löffelmacherdiamant, der von 49 Brillanten eingefasst ist und nach neueren Forschungen der Mutter Napoleons gehörte.

Des Sultans Reich: der vierte Hof

Der vierte, terrassenartig angelegte Hof war einst der populäre Tulpengarten Ahmets III. Bekannt ist der Hof, der dem

Sultan vorbehalten war, für die typischen osmanischen Pavillons (türkisch *köşk*). In der Mitte liegt etwa der Sofa Köşkü, der fast nur aus Fenstern besteht und ein gutes Beispiel ist für die westlichen Einflüsse in der islamischen Baukunst während der sogenannten Tulpenzeit, als sich die westliche Verspieltheit mit islamischer Strenge verband. Zum Gedenken an die Eroberung Eriwans, der Hauptstadt Armeniens, wurde 1635 auf einer Plattform der mit Fayencen geschmückte Yerewan Kiosk (Revan Köşkü) erbaut. Beachtenswert ist auch das mit hübschen Schmelzfarbenfliesen verzierte Beschneidungszimmer (Sünnet Odası) der osmanischen Prinzen aus dem 16. Jahrhundert. An der Nordspitze liegt der 1683 unter Sultan Murad IV. erbaute, von einer Kuppel bekrönte Bagdad-Kiosk (Bağdad Köşkü). Den gesamten Innenraum des Pavillons zieren prachtvoll ausgestaltete Fliesen, und an den Türen sind Perlmuttintarsien zu sehen. Von der Terrasse ist die Aussicht auf Galata und das Goldene Horn faszinierend. Unter dem goldenen Baldachin am Rand der Terrasse hat Sultan Ibrahim im Fastenmonat den Sonnenuntergang beobachtet.
Gegenüber steht der märchenhafte, 1859 erbaute Mecidiye-Pavillon (Mecidiye Köşkü). Bevor Sultan Abdülmecid I. in den Dolmabahçe-Palast zog, ließ er diesen Pavillon errichten. Der im Stil des europäischen 19. Jahrhunderts errichtete Pavillon sollte für Empfänge westlicher Gesandter dienen und ist heute das Museumsrestaurant.

NOSTALGISCH UND CHARMANT

Hübsche blumengeschmückte osmanische Holzhäuser säumen die autofreie, kopfsteingepflasterte Soğukçeşme Sokağı, die »Straße des kalten Brunnens«, die an der äußeren Palastmauer zu einem Spaziergang einlädt. Einst waren die Häuser, die aus dem 18. Jahrhundert stammen und heute größtenteils in Pastelltönen glänzen, Wohnräume für die Angestellten des Palastes und der Hagia Sophia. Später wurden sie von osmanischer Prominenz gekauft. Bei einem Spaziergang fallen besonders die neun vom Türkischen Automobilclub (TTOK) restaurierten und zu einem Hotel umgebauten Häuser auf. Die Zimmer und Suiten des »Ayasofya Konakları« verbinden osmanische mit westlichen Elementen und bieten eine stilvolle Residenz. Ein weiteres interessantes Bauwerk in der idyllischen Gasse ist die über 1500 Jahre alte Zisterne mit einem imposanten Backsteingewölbe, in der heute das elegante Restaurant »Sarnıç Lokantası« untergebracht ist – eine gute Adresse für ein romantisches Dinner.

WEITERE INFORMATIONEN

Hotel Ayasofya Konakları:
www.ayasofyakonaklari.com
Restaurant Sarnıç Lokantası:
www.sarnicrestaurant.com
Topkapı-Palast: www.topkapisarayi.gov.tr

Eine wahre Farbenpracht sind die Fischbrötchen-Boote am Kai von Eminönü (rechts) und die Auslagen in den Läden des Basars (oben). Die Rüstem-Paşa-Moschee fasziniert mit kostbarem Fliesenschmuck (Mitte). In Lokalen hilft auch mal der Nachwuchs (unten).

Sirkeci, Eminönü und Beyazıt

Orientalische Elemente in der Wartehalle des Sirkeci-Bahnhofs sind die bunten Fenster (oben). Im Bahnhofsmuseum sieht man auch ein Musterabteil des bekannten »Orient Express« (unten).

10 Bahnhof Sirkeci

Geschichtsträchtige Gleise

Die Endstation des legendären »Orient Express« war einst der berühmteste Bahnhof Istanbuls, Treffpunkt von Journalisten, Schriftstellern und Adligen sowie Bindeglied von Ost und West. Heute erinnern das kleine Zug-Museum, ein Restaurant und einige Bauelemente des Gebäudes an die alten Zeiten.

Ende des 19. Jahrhunderts erlangte der Bahnhof Sirkeci europaweit Bekanntheit, als hier erstmals der berühmte Luxuszug »Orient Express« einlief, der über 100 Jahre lang von Paris über Deutschland, Österreich, Ungarn, Rumänien und Bulgarien nach Istanbul pendeln sollte. Die in der Literatur oft als »Zug der Könige« bezeichnete Langstrecken-Eisenbahn beförderte Staats- und Geschäftsmänner, europäische Könige und indische Maharadschas. Das Viertel rund um den Bahnhof in Istanbul wurde somit immer bedeutsamer und entwickelte sich mit der ersten Bank der Türkei und der Hauptpost zum Geschäftsbezirk der Stadt. Heute ist die Gegend ein lebendiges Viertel mit kleinen Werkstätten, Süßwarenläden und einfachen Lokalen, in denen sich Touristen, Einheimische, Arbeiter und Geschäftsleute zum Mittagessen treffen.

Symbiose von Orient und Okzident

Da die Verbindung von Istanbul nach Europa in der zweiten Hälfte des 20. Jahrhunderts zunehmend wichtiger wurde, musste die Bahnstrecke bis nach Sirkeci ausgebaut werden. In den 1880er-Jahren erhielt der deutsche Architekt und Ingenieur August Jasmund schließlich von Sultan Abdülhamid II. (1842–1918) den Auftrag, den Sirkeci-Bahnhof zu bauen. Die Grundsteinlegung des Bahnhofs, der außerdem die Viertel jenseits des Goldenen Horns zugänglicher machen sollte, erfolgte am 11. Februar 1888. Bis heute sind an der Nordseite des Baus die Elemente erkennbar, die Jasmund nutzte, um dem Kopfbahnhof als Knotenpunkt von Ost und West gerecht zu werden. Um orientalische und westliche Aspekte zu vereinigen, ließ er Marmor und Ziegel aus Frankreich anliefern, 300 Glaslaternen aus Österreich einbauen, und die Portale, die Haupttür und die von spitzen Bögen umfassten Buntglasfenster sollten an die seldschukische Epoche erinnern. Der im kleinen nostalgischen Zug-Museum im Bahnhofsgebäude untergebrachte Kachelofen zeugt von der Modernität des Bahnhofs zu dieser Zeit. Vom Luxus im »Orient Express« zeugen zum Beispiel das Geschirr und das Silberbesteck. Zu sehen sind auch alte Telefone und Schreibmaschinen sowie eine Bahnhofsuhr.

INFO: www.tcdd.gov.tr

11 Yeni-Valide-Moschee

Kuppeln und Minarette am Goldenen Horn

Die meist kurz Yeni Camii (Neue Moschee) genannte Yeni Valide Camii prägt mit ihren 66 pyramidenförmig angelegten Kuppeln seit dem 17. Jahrhundert das Bild des südlichen Ufers des Goldenen Horns. Ihre Lage am Ägyptischen Basar machte die Moschee schon früh bei Händlern und Reisenden aus aller Welt bekannt.

Seit Jahrhunderten gehört die markante »Moschee der neuen Sultansmutter« – nicht zuletzt aufgrund ihres Standorts am Goldenen Horn – zu den meistbesuchten Moscheen Istanbuls. Außen zeigt sich die sehenswerte Yeni Valide Camii mit zwei Minaretten und dem schönen, achteckigen Reinigungsbrunnen, der heute allerdings nur noch der Zierde dient. In ihrem Inneren präsentiert sie kostbare, mit Blumen verzierte İznik-Fliesen und eine mit hübschen Geflechtornamenten geschmückte Kanzel. Gestiftet wurde die Moschee von der Mutter Sultan Mehmeds III. (1566 – 1603). Interessant ist vor allem ihre langwierige Erbauungsgeschichte.

Stück für Stück

Mit der Übernahme des Throns durch Sultan Mehmed III. im Jahr 1595 wurde seine Mutter Safiye Sultan (1550–1605) zu einer der einflussreichsten Sultansmütter des Osmanischen Reichs. Mit dem Wunsch, ihre Moschee am Ufer des Goldenen Horns zu errichten, begannen jedoch die Probleme. Ehe Architekt Davut Ağa, Schüler des Baumeisters Sinan, zwei Jahre später mit dem Bau der Moschee beginnen konnte, musste zunächst die dort lebende jüdische Bevölkerung umgesiedelt werden. Da er schließlich noch mit dem hohen Grundwasserspiegel zu kämpfen hatte, schaffte der an Pest erkrankte Architekt es bis zu seinem Tod im Jahr 1599 nicht, das Fundament zu erbauen. Durch Pfeiler und Brücken konnte erst sein Bruder Dalgıç Ahmet Ağa an die Lösung des Problems herangehen. Doch auch dieser zweite Architekt, der aufgrund dieser Lösung seinen Beinamen dalgıç, »Taucher«, erhielt, konnte das Gotteshaus bis zum Tod von Sultan Mehmed III. im Jahr 1603 nicht fertigstellen. Da dessen Nachfolger Sultan Ahmed I. (1590-1617) das Geld für seine eigene Moschee benötigte, stoppte er die Errichtung der Moschee am Ufer des Goldenen Horns. Erst 60 Jahre später vollendete der Architekt Mustafe Ağa mit Steinen von der Insel Rhodos und den ersten Bauplänen im Auftrag der Mutter Mehmets IV. (1642–1693), Turhan Hadice, die Moschee, die aus diesem Grund auch den merkwürdigen Namen »Moschee der neuen Sultansmutter« bekam.

INFO: Ragıp Gümüşpala Caddesi, Eminönü

Imposant erhebt sich die Yeni-Valide-Moschee am Ufer des Goldenen Horns (oben). Ihre unterschiedlich großen Kuppeln und Türmchen sind stufenartig aneinandergereiht (unten).

Die Rüstem-Paşa-Moschee wird von wenigen Besuchern aufgesucht (oben). Der Ägyptische Basar bietet nicht nur unzählige Gewürze, sondern auch orientalische Leckereien, Stoffe und Schmuck (unten und rechte Seite unten).

12 Ägyptischer Basar

Dem Orient ganz nah

Farbenfrohe, wirkungsvoll arrangierte Gewürzberge verströmen exotische Düfte, und Händler begrüßen ihre Kundschaft lauthals in verschiedensten Sprachen. Der Besuch im Ägyptischen Basar (Mısır Çarşısı) darf bei keinem Istanbul-Aufenthalt fehlen. Doch lohnt auch ein Blick in die Gegend drum herum, wo weitere Läden und die kleine Rüstem-Paşa-Moschee einladen.

Bereits in byzantinischer Zeit verkauften Venezianer und Genuesen auf dem einstigen Marktplatz am Goldenen Horn Gewürze und Parfüm. Später diente der Umschlagplatz den Osmanen weiterhin für den Verkauf von Gewürzen, aber auch von kostbaren Stoffen aus dem Ausland. Im Jahr 1664 baute der Architekt Mustafa Ağa schließlich – als Teil des Stiftungskomplexes der Yeni-Valide-Moschee – die große L-förmige, von zahlreichen Kuppeln bekrönte Markthalle im osmanischen Stil. Die Kreuzung der beiden Basarstraßen diente als Betplatz. Dort las jeden Morgen ein Geistlicher das Gebet für die Händler.

Düfte aus Tausendundeiner Nacht

Den Namen Mısır (ägyptisch) hat der Basar den ägyptischen Waren zu verdanken, die überwiegend dort verkauft wurden. Aus den alten Zeiten stammt auch die Anordnung der Waren. Die einst in Körben und Tonbehältern präsentierten Gewürze, Kräuter und Heilpflanzen werden heute in Glaskästen hübsch aufgemacht. Denn auch wenn sich zwischen den Gewürzläden inzwischen auch Händler mit typischen Souvenirs oder Haushalts- und Keramikwaren niedergelassen haben, dominieren im Ägyptischen Basar kulinarische Köstlichkeiten und duftende Aromen. Auf dem Programm stehen Gewürze wie Safran, Zimt oder Nelkenpfeffer, im Ganzen und gemahlen, sowie die unterschiedlichsten Mischungen daraus. Ebenso farbenfroh wie die Gewürze sind die verschiedenen Teesorten vom türkischen *çay* bis hin zu Rosen- oder Granatapfel-Tee, die getrockneten Früchte, türkischen Süßigkeiten wie das Geleekonfekt *lokum* oder *helva*. Außerdem werden lokale Käse- und Wurstsorten sowie sauer eingelegtes Gemüse *(turşu)* verkauft.

Türkischer Mokka und mehr

Wer im Ägyptischen Basar ein verzinntes Kupfer- oder Messingkännchen ersteht, könnte sich anschließend in der Kaffeerösterei Kurukahveci Mehmet Efendi frisch gerösteten Mokka zum Selbstaufbrühen kaufen. Die Rösterei von 1871 wird mittlerweile in der dritten Generation geführt. Wie beliebt das eher unauffällige Traditionsgeschäft am Anfang der

Tahmis Sokak ist, zeigt sich an den Warteschlangen, die die Einheimischen vor den Schaufenstern bilden. Wer das Kaffeepulver mit nach Hause nehmen möchte, kann es entweder traditionell, abgepackt in hellbraunem Papier, oder in gut verschließbaren Kaffeedosen mitnehmen. Nach dem Kaffeekauf lohnt sich die Entdeckung des Gassengewirrs rund um den Basar und der großen Einkaufsstraße Uzun Çarşı Caddesi. An den unzähligen Marktständen und in den voll gepackten, teils skurrilen Tante-Emma-Läden und Geschäften, die mit Haushaltswaren, Lebensmitteln, billiger Kleidung, China-Waren und vielen anderen Dingen locken, kaufen Einheimischen und Touristen ein.

Ein Ort der Ruhe

Wer während des Shoppings oder danach ein wenig raus aus dem Trubel will, kann einen Abstecher zur charmanten Rüstem Paşa Camii an der Hasırcılar Caddesi westlich des Basars unternehmen. Aus den vollen, geschäftigen Gassen führen Stufen hinauf zur beschaulichen Terrasse oberhalb der Unterbauten. Die Moschee wurde von Rüstem Paşa, dem Schwiegersohn von Süleyman dem Prächtigen, gestiftet und 1561 vom berühmten Hofarchitekten Sinan erbaut. Bis heute ist der Fliesenschmuck in der Vorhalle sowie an den Wänden und an den Pfeilern des Gebetsraums gut erhalten. Die einzigartigen Fliesen in kräftigen Blautönen gehören zu den schönsten, die jemals in den İznik-Werkstätten produziert wurden, und zeigen unter anderem hübsche stilisierte Blüten, Amphoren mit Blumensträußen und geometrische Muster. Beauftragt wurden sie nach dem Tod des Stifters von seiner Frau Mihrimah.

STREETFOOD AM GOLDENEN HORN

Zwischen Ägyptischem Basar, der Yeni-Valide-Moschee und dem Goldenen Horn herrscht ab morgens bis in den frühen Abend reges Treiben. Nicht nur, weil die Touristen sich ihren Weg zu den Sehenswürdigkeiten suchen und Einheimische ihrem Alltag nachgehen, sondern auch, weil zahlreiche Streetfood-Verkäufer mit ihren Bratstationen, den winzigen Imbissen und mobilen Wagen ihre Ware an den Mann bringen. Schon seit Jahrhunderten sind die Straßenverkäufer Istanbuls in den Straßen der Stadt unterwegs, verkaufen die äußerst beliebten, trockenen Sesamkringel *simit*, deren Rezept etwa 500 Jahre alt sein soll, die süßlichen Maiskolben *mısır* vom mobilen Grill und das meist säuerlich eingemachte Gemüse wie Peperoni, Gurken oder Karotten im Plastikbecher. Am Ufer des Goldenen Horns schaukeln außerdem schwimmende Fischbuden im Wasser, auf denen gegrillte Makrelenfilets im Fladenbrot, die beliebten Istanbuler Fischbrötchen *balık ekmek*, zubereitet werden.

WEITERE INFORMATIONEN

Ägyptischer Basar: Mo–Sa 9–19 Uhr
Kaffeerösterei Kurukahveci Mehmet Efendi: www.mehmetefendi.com

28
ALYANS

Zahlreiche Istanbul-Reisende wollen im Ägyptischen Basar einen Hauch von Orient schnuppern.

Die Händler im Großen Basar preisen in vielen Sprachen ihre Waren an (oben). Die Bandbreite an Souvenirs und Mitbringseln ist riesig – da fällt die Wahl schwer (unten und rechte Seite unten).

13 Großer Basar

Einkaufen in filmreifer Kulisse

Freunde von zielstrebigem und entspanntem Shoppen sind im unüberschaubaren Angebot des Großen Basars (Kapalı Çarşı) eher fehl am Platz. In das Gassengewirr zieht es aber alltäglich etwa eine halbe Million Menschen. Sie kommen, um einen Eindruck von der bunten orientalischen Handelswelt zu bekommen, aber auch oft, um ausgiebig zu stöbern, zu feilschen und zu kaufen.

Unzählige Besucher, etwa 20 000 arbeitende Menschen und rund 4000 Geschäfte, die fast alles bieten, was das Shopping-Herz höherschlagen lässt, zeugen vom immensen Umfang des Großen Basars, der wörtlich übersetzt eigentlich »Gedeckter Basar« heißt. Die orientalischen Markthallen mit 61 Straßen und Gassen auf über 31 000 Quadratmetern, einer Post, einer Polizeistation, Teehäusern und Restaurants, Brunnen und einer Moschee bilden fast eine eigene kleine Stadt in der Metropole. Der älteste und größte Basar Istanbuls diente sogar schon des Öfteren als Filmkulisse – im Jahr 2012 beispielsweise für den James-Bond-Film *Skyfall*.

Wie alles begann

Um das Wirtschaftswachstum seiner neuen Hauptstadt zu fördern, ließ Sultan Mehmed II. die große Halle Eski Bedesten (Alte Tuchhalle) errichten. In der Halle mit acht Pfeilern und 15 Kuppeln, die heute den Kern des Basars markiert, wurden zunächst wertvolle Stoffe und andere Güter deponiert. Anfang des 16. Jahrhunderts benötigte man schließlich mehr Platz, sodass Süleyman der Prächtige eine weitere überkuppelte Halle, die Yeni Bedesten (Neue Tuchhalle), bauen ließ. Als auch dieser Platz knapp wurde, verband man die beiden Hallen sowohl mit den sie umgebenden Straßen als auch mit den städtischen Karawansereien *(han)*.

Es entstand ein überdachtes Konglomerat aus Hallen, Höfen und Gassen, das als Handelsplatz, Schatzkammer, Bank und Börse diente. Da die Gebäude des Basars schließlich immer wieder durch Erdbeben und Brände zerstört wurden, ließ Mustafa II. (1664–1704) im Jahr 1701 das Basarviertel aus Stein wiederaufbauen. Seine heutige Form hat der einst nach Zünften aufgeteilte Basar seit Ende des 19. Jahrhunderts.

Warenangebot einst und jetzt

Ganz anders, als man meinen könnte, gab es während des Sultanats äußerst strenge Produktions- und Verkaufsregeln. Handwerker und Händler des Basars, dessen Einnahmen für die laufenden Kosten der Hagia Sophia dienten, wurden von einem Marktaufseher, manchmal

auch vom Großwesir selbst, überprüft. Denn jeder Händler musste Qualitätsstandards und bestimmte Preise einhalten sowie Maße, Gewichte und Instrumente überprüfen lassen. Entehrende Strafen waren Folgen für alle, die mit den Preisen betrogen oder sich nicht an die Vorschriften hielten. Nur wenige Basarhändler erhalten heute die alte und distanziertere Art noch aufrecht.
Anders als früher findet man heute auf dem Basar auch kaum noch traditionelle Kunsthandwerker. Traditionelle Berufe wie Turbanmacher sind ausgestorben. Statt bei Perlenhändlern kauft man Schmuck bei modernen Juwelieren. Es änderte sich aber nicht nur die Art der Läden, sondern auch die Kundschaft. Mit der allmählichen Verwestlichung und dem zunehmenden Interesse an der Istiklal Caddesi, auf der sich modernere Geschäfte ansiedelten, zog es die Oberschicht auf die andere Seite des Goldenen Horns. Der Basar diente dann der einfachen Bevölkerung als Einkaufszentrum. Heute ist der Große Basar vor allem eine Touristenattraktion.
Der einstige Umschlagplatz von kostbaren Edelsteinen, edlen Stoffen und wertvollen Antiquitäten birgt heute in den restaurierten Hallen ein qualitativ äußerst unterschiedliches Warenangebot. Man bekommt auf dem Großen Basar so ziemlich alles, von Lederwaren über Kleidung und Schals, Stoffen, Teppichen und orientalischen Wohnaccessoires sowie türkische Spezialitäten und Süßwaren bis hin zu Kunsthandwerk, Antiquitäten und Schmuck. Traditionell ist nur noch, dass die Läden anhand ihrer Gewerbeart gebündelt sind – für Türkisch sprechende Besucher am Namen erkennbar.

OSMANISCHER BAROCK

Nur wenige Schritte östlich des Großen Basars erhebt sich gegenüber dem Nuruosmaniye-Tor die erste Moschee Istanbuls, die im Stil des osmanischen Barock erbaut wurde. Mitte des 18. Jahrhunderts wurde die Nuruosmaniye Camii von Sultan Mahmud I. (1696–1754) in Auftrag gegeben. Fertiggestellt wurde die Moschee unter Sultan Osman III. Bei Betreten des Vorhofs fällt gleich seine ungewöhnliche, halbrunde Form auf. Eindrucksvoll ist außerdem das kunstvolle, stalaktitenartige Stilelement Muqarnas über dem Eingang der Moschee. Ihren Namen, »Licht des Osmans«, hat die Moschee mit der aufwendigen Innenarchitektur von den vielen Fenstern im Kuppelring, in den Wänden, in den Eckpavillons und Loggien erhalten. Die Moschee mit der aufwendig gestalteten Innenarchitektur hat einen mit kunstvollen Kalligrafien geschmückten Architrav. Lohnend ist nach dem Besuch der Moschee auch ein weiterer Shopping-Bummel auf der abgehenden Nuruosmaniye Caddesi mit hochwertigen Teppich-, Schmuck- und Antiquitätenläden.

WEITERE INFORMATIONEN

www.kapalicarsi.org.tr

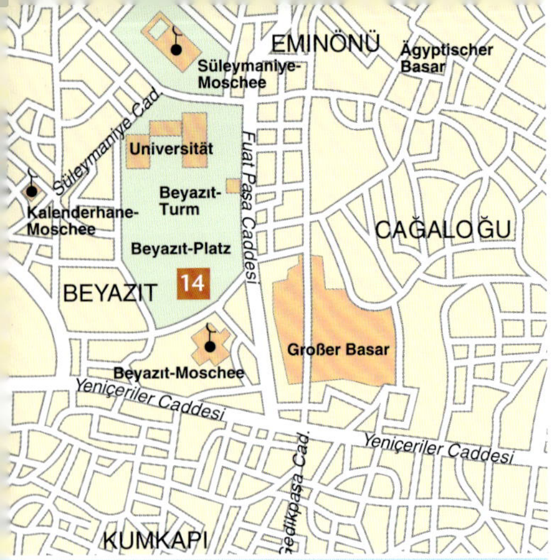

Markant erhebt sich am Beyazıt-Platz das Gebäude des Kalligrafie-Museums (oben). Von der dort ansässigen Universität zeugen in der ganzen Gegend viele junge Leute (unten). Jahrtausendealt sind die Überreste aus byzantinischer Zeit (rechte Seite unten).

14 Beyazıt-Platz

Umgeben von historischen Bauten

Seinen Namen verdankt der beliebte, von zahlreichen Tauben bewohnte Beyazıt Meydanı der ältesten erhaltenen Sultansmoschee der Stadt. Markant erhebt sich dort aber nicht nur die im 16. Jahrhundert errichtete Moschee, sondern auch das monumentale Tor der Universität Istanbul. Sehenswert ist außerdem das Kalligrafie-Museum, das in der alten Medrese der Moschee untergebracht ist.

Bereits im Jahr 393 wurde an der Stelle des heutigen Beyazıt-Platzes das bekannte Theodosius-Forum, ein von Säulenhallen umrahmter Platz, errichtet. Erhalten sind aus dieser Zeit jedoch nur wenige Säulenfragmente auf der anderen Straßenseite der Divan Yolu Caddesi, die mit den augenförmigen Flecken von Pfauenschwanzfedern gemustert sind. Sie stammen von einem dreitorigen Triumphbogen, der den Eingang zum Platz markierte. Mit der Eroberung Istanbuls veränderte sich das Erscheinungsbild des Platzes. Eine Ehrensäule, die den Mittelpunkt des Platzes markierte, stürzte im Jahr 1517 um und wurde im Hamam an der Westseite des Platzes neben der Bibliothek verbaut. Auf dem heutigen Universitätsgelände, das sich im Norden an den Beyazıt-Platz anschließt, wurde der alte Sultanspalast (Eski Sarayı) errichtet. Im 16. Jahrhundert wurde auf dem Platz schließlich die Beyazıt Camii erbaut. Heute herrscht auf dem Beyazıt-Platz reges Treiben. Unter Studenten, Einheimische, Schuhputzer und fliegende Händler mischen sich Touristen, die sich für die historischen Bauten interessieren.

Der Campus der Universität Istanbul

Imposantestes Bauwerk des Platzes ist das in der zweiten Hälfte des 19. Jahrhunderts erbaute Haupttor der Istanbul Üniversitesi. Das prächtige dreiteilige Portal im maurischen Stil führt auf den Campus, der früher das Palastareal des Sultans Mehmed II. (1432–1481) war und später in neuen Gebäuden Ministerien beherbergte. Erst seit 1933 ist die Universität Istanbul dort untergebracht. In dem dreistöckigen Gebäude gegenüber dem Haupttor, in dem heute die Verwaltung der Uni ihren Sitz hat, findet man schöne Stuckarbeiten, Wand- und Deckenmalereien. Errichtet wurde es vom französischen Architekten Auguste Bourgeois ursprünglich als Kriegsministerium. Älter als dieser Bau ist der sich südöstlich davon 85 Meter hoch aufragende steinerne Beyazıt-Turm, der im Jahr 1828 einen hölzernen Feuerwachturm ersetzte. Mithilfe eines installierten Lichtsystems kann man weithin sichtbar die Wettervorhersage für den folgenden Tag erkennen: Rot symbolisiert Schnee, Gelb zeigt Nebel an, Grün bedeutet Regen und Blau Sonnenschein.

Die Moschee des Sultans

Namensgeber des Platzes und der gleichnamigen Moschee auf der Westseite war Sultan Beyazıt II., der sie zwischen 1500 und 1506 errichten ließ. Der Sultan soll aber auch für die vielen Tauben verantwortlich sein, die sich auf dem Beyazıt-Platz tummeln, denn sie sind angeblich Nachfahren eines Taubenpaares, das der Sultan einst auf diesem Platz freiließ. Architektonisch spiegelt die Beyazıt-Moschee sowohl frühosmanische als auch byzantinische Elemente wider. Die 20 Säulen der Arkaden im Vorhof, auf dem auch der Reinigungsbrunnen steht, stammen vermutlich von antiken Bauten und bestehen aus grünem und rotem Porphyr und Granit. Eigenständige Einheiten bilden das überkuppelte Gebetshaus und die seitlich angeschlossenen Gästehäuser *(tabhane)*.

Im angrenzenden Garten wurden in drei Türben Sultan Beyazıt, seine Tochter Selçuk Hatun und der Großwesir Reşit Paşa bestattet. Nordöstlich der Moschee hat man 1882 die zugehörige Armenküche in die Nationalbibliothek umgewandelt. In der alten Medrese im Westen des Platzes ist das Kalligrafie-Museum (Türk Vakıf Hat Sanatları Müzesi) eingerichtet, das eine der edelsten Künste des Osmanischen Reichs präsentiert. Ab 2014 präsentiert das zur Zeit unserer Recherche renovierte Museum wieder Schreibutensilien sowie einzigartige Sammlungen von Gedichten, Befehlen und Korantexten, die zum Teil aus dem 13. Jahrhundert stammen.

EIN PARADIES FÜR BÜCHERWÜRMER

Bei den mittlerweile leider nicht mehr ganz so schönen Teegärten an der östlichen Seite der Beyazıt Camii liegt der nördliche Zugang zum sehenswerten Sahaflar Çarşısı, dem Istanbuler Antiquariats- und Bücherbasar. Der Weg führt eine Gasse hinunter und rund um einen kleinen Hof zu kleinen Läden, die mit unendlich vielen Büchern vollgestopft sind. Trotz des Rummels ist die Atmosphäre auf dem Basar recht entspannt und urig. Man kann in türkischen und internationalen sowie antiquarischen und neuzeitlichen Büchern herumblättern, zahlreiche Bildbände und Reiseführer über Istanbul entdecken oder in Romanen, Manuskripten, Geschichts- und Fachbüchern stöbern. Interessant sind aber auch die Stiche mit alten Stadtansichten, Kalligrafien und Miniaturmalereien, die man zu angemessenen Preisen erstehen kann.

WEITERE INFORMATIONEN

Kalligrafie-Museum: Beyazıt Meydanı, Beyazıt, Tel. 0212/527 58 51

Sahaflar Çarşısı: Çadırcılar Caddesi (südlicher Eingang) oder östlich der Beyazıt Camii (nördlicher Eingang), Beyazıt, täglich 9–20 Uhr

Universität Istanbul: www.istanbul.edu.tr

Die Süleymaniye-Moschee in der Abenddämmerung (oben). Im Inneren schaffen ihre Lichter ein bemerkenswertes Ambiente (unten). An der Arkadenfront finden die Gläubigen genügend Plätze für die obligatorische Waschung (rechts).

15 Süleymaniye-Moschee

Die schönste Sultansmoschee

Verglichen mit der Blauen Moschee genießt die Süleymaniye-Moschee einen geringeren Bekanntheitsgrad. Dennoch gilt sie als überragendes Exempel osmanischer Sakralarchitektur. Die größte und schönste Moschee des berühmtesten Architekten der Osmanen, Koca Mimar Sinan, thront auf dem dritten Hügel der Altstadt und bildet mit ihren weitläufigen Stiftungsbauten einen prächtigen Komplex.

Süleyman der Prächtige wählte die exponierte Lage des in den Jahren 1540/41 abgebrannten alten Sultans-Palastes für die Errichtung einer neuen Moschee. Den Auftrag für die Moschee, die die Macht und den Reichtum des Sultans präsentieren sollte, erteilte er dem bekannten Hofarchitekten Koca Mimar Sinan. Mit mehr als 3000 Spezialisten, der osmanischen Elitetruppe, den Janitscharen, und Handwerkern sollte der Stiftungskomplex zwischen 1551 und 1557 erbaut werden. Als schwierig erwies sich die Terrassierung des nördlich abfallenden Baugrunds. Sinan schaffte aber mit beispielhaft angelegten Stützmauern eine vollkommene Symmetrie des Bauwerks mit seinem Garten.

Der Baumeister: Koca Mimar Sinan

Koca Mimar Sinan (um 1490–1588), der als Baumeister von drei Sultanen mit seinen architektonischen Meisterwerken als bester Architekt des Osmanischen Reiches galt, schaffte es nach über tausend Jahren, die prächtige Hagia Sophia zu übertreffen. Erst er brachte es fertig, eine schwerelos wirkende, große Kuppel auf einen lichtdurchfluteten Raum zu setzen. Gefördert wurde er vor allem von seinem wichtigsten Auftraggeber: Sultan Süleyman dem Prächtigen. Faszinierend ist jedoch auch seine Lebensgeschichte. Denn Koca Mimar Sinan wurde als Christ in der Steiermark oder in Kärnten geboren und kam 1494 zusammen mit seiner Mutter als Sklave in Gefangenschaft. Um 1499 wurden sie freigelassen und zogen nach Agirnas bei Kayseri. Als Angehöriger einer nichttürkischen Minderheit wurde Sinan schließlich 1512 zum Dienst für den Sultan eingezogen, musste nach Istanbul umziehen, dem Islam beitreten und eine militärische Ausbildung absolvieren. Als Mitglied der Elitetruppe der Osmanen wurde er 1534 zum Oberst der Leibgarde und begleitete Süleyman den Prächtigen auf Feldzügen.
Seine erste Moschee errichtete der Baumeister 1535 in Aleppo. Die Anerkennung des Sultans hatte er sich jedoch durch den rasanten Bau einer Brücke – in nur 13 Tagen – verdient. In den von den Osmanen eroberten Ländern war er schließlich dafür zuständig, Kirchen in Moscheen umzuwandeln. Im Jahr 1539

Vor dem Gebet lädt der Innenhof der Süleymaniye-Moschee zum Plausch oder zum Entdecken des mit Kalligrafien verzierten Fliesenschmucks ein (oben und unten). Blick über die Dächer der historischen Moscheen auf die asiatische Seite Istanbuls (rechte Seite unten).

wurde Sinan dann zum Hofarchitekten ernannt und baute bis zu seinem Tod rund 130 Moscheen. Da er die Süleymaniye-Moschee als sein bedeutendstes Werk ansah, baute er sich noch zu Lebzeiten seine Grabtürbe gleich unterhalb der Moschee.

Erster Eindruck: Garten und Vorhof

Besucher der Süleymaniye Camii erhalten einen ersten Eindruck vom Moscheekomplex bereits vor Betreten des 140 mal 200 Meter großen, von hohen Stützmauern umgebenen Gartens. Markant erheben sich an den äußeren Ecken des Vorhofs zwei 56 und 76 Meter hohe Minarette mit je zwei bzw. drei Galerien, deren Anzahl der Überlieferung zufolge darauf zurückgeht, dass Sultan Süleyman I. der vierte Sultan Istanbuls und zehnter des Osmanischen Reichs war. Sichtbar sind die Minarette sogar von der anderen Seite des Goldenen Horns aus. Beim Betreten des weitläufigen Gartens begeistert schließlich die atemberaubende Aussicht von der Nordostseite über das Goldene Horn nach Galata. Im südöstlichen Teil des Gartens stehen die mit Buntglasfenstern und mit Blumenmustern bemalten Fliesen geschmückten Grabtürben des Sultans und seiner Lieblingsfrau Haseki Hürrem (in Europa als Roxelane bekannt). Die mit Edelsteinen geschmückte Decke der Türbe des Sultans symbolisiert den Himmel des ewigen Friedens.
An der Nordwestseite des Gartens führen fünf Stufen durch einen hervorspringenden Torbau auf den höher liegenden Vorhof mit dem rechteckigen Reinigungsbrunnen. In den dreistöckigen Räumen seitlich des Tores ist das Institut für die astronomische Bestimmung der Gebetszeiten und des Ramadans (Muvakkithane) untergebracht. Den Vorhof säumen Arkaden mit 24 unterschiedlich hohen Marmor- und Porphyrsäulen, die aus der Kaiserloge des einstigen byzantinischen Hippodroms stammen. Sowohl die Kapitelle der Säulen als auch der Haupteingang des Gebetshauses sind mit den islamischen, stalaktitartigen Stilelementen Muqarnas geschmückt.

Eine Moschee mit viel Licht

Besonders eindrucksvoll erscheint die Süleymaniye-Moschee auch in ihrem Inneren. Das Gebetshaus imponiert durch seine Schlichtheit und durch die 130 farbigen Steinglasfenster, die fast alle noch im Original erhalten sind. Das Meisterstück des Baus ist aber die scheinbar schwebende Kuppelkonstruktion mit einer Höhe von 48,50 Metern und einem Durchmesser von 27 Metern. Zahlreiche in die Kuppel eingebaute Tongefäße sorgen für eine ausgesprochen gute Akustik. Gestützt ist die Kuppel auf vier mächtigen Pfeilern, die mit hohem Aufwand aus Alexandria und dem salomonischen Tempel im libanesischen Baalbek herbeigeschafft wurden. Zwei weitere Säulen sollen aus dem byzantinischen Kaiserpalast stammen. Die Pfeiler und Säulen in der Süleymaniye-Moschee wurden so angeordnet, dass eine erstaunliche Geräumigkeit erzeugt wird.
Weiterhin bestechen im Innenraum die in den İznik-Werkstätten angefertigten edlen, in Dunkelblau und Grün gehaltenen Fayencen mit Blumenmustern und Vögeln an den Wänden der marmornen Gebetsnische und im hinteren Bereich der marmornen Kanzel mit einem fein

gemeißelten Geländer. Die kleineren Kuppeln sind mit kunstvollen Kalligrafien geschmückt. Im Zentrum der großen Hauptkuppel steht der Koranvers »Gott ist das Licht des Himmels und der Erde«.

Die Bauten rund um die Moschee

Wie alle Moscheen ist auch die Süleymaniye Camii von Stiftungsbauten umgeben. Die Gebäude für die sozialen Aufgaben der Stiftung stehen im Karree um den Moscheengarten, haben heute jedoch nicht mehr ihre ursprüngliche Funktion. Schräg gegenüber der Westecke des Gartens führen Stufen in einen Teegarten, der von zahlreichen jungen Leuten besucht wird und der einst Teil des medizinischen Komplexes der Stiftung war. Gleich daneben schließt sich das Darüzziyafe Lokanta an, in dessen schönem Innenhof einst die Armen speisen konnten. In den überkuppelten Gebäuden rund um den Innenhof waren die Großküchen der Stiftung untergebracht, in denen für Tausende Bedürftige gekocht wurde. Pilger und deren Tiere wurden im nächsten Gebäudekomplex, der Karawanserei, untergebracht. Gegenüber der Nordecke des Karrees residierte hinter dem eindrucksvollen Tor einst der General der Janitscharen. Heute befinden sich hier der Sitz des Muftis von Istanbul, vier theologische Schulen und Institute der Universität. Direkt gegenüber dem Amt des Obergeistlichen steht die Türbe von Koca Mimar Sinan. Entlang der unteren Stützmauer gen Osten waren Läden untergebracht, deren Einnahmen der Unterhaltung des Stiftungskomplexes dienten. An der Ecke, bevor es über eine schmale Straße wieder hinaufführt, liegt der Süleymaniye Hamam, der noch immer in Betrieb und Istanbuls einziges türkisches Bad für Paare ist.

TRADITIONELLE, EINFACHE BOHNENGERICHTE

An der südwestlich der Süleymaniye-Moschee verlaufenden Straße, der Prof. Sıddık Sami Onar Caddesi, waren einst die theologischen Schulen Istanbuls untergebracht. Heute beherbergen die jahrhundertealten Gebäude im Schatten der Moschee einfache Lokale mit großen Terrassen und landestypischer Küche, die vor allem aufgrund ihrer köstlichen Bohnengerichte, einer traditionellen türkischen Spezialität, sowohl bei Touristen als auch bei Einheimischen bekannt und beliebt sind. Seit 1924 werden die Bohnen zum Beispiel im gut besuchten Lokal »Kurufasulyeci Erzincanlı Ali Baba« serviert. Die mit Zwiebeln, Tomaten und Chili gekochten Bohnen haben eine suppenartige Konsistenz und werden bevorzugt mit einer Portion Reis und *cacık* (Joghurt mit Gurke und Knoblauch) gegessen.

WEITERE INFORMATIONEN

Kurufasulyeci Erzincanlı Ali Baba:
www.kurufasulyeci.com
Süleymaniye Hamam:
www.suleymaniyehamami.com.tr

Von der Yedikule-Festung hat man einen tollen Überblick über die Dächer der Stadt (rechts). Osmanische Holzhäuser (oben) stehen in der Umgebung der mit Mosaiken geschmückten Chora-Kirche (Mitte). Frauen beim Beten an der Eyüp-Moschee (unten).

Zwischen Aquädukt und Landmauer

16 Rund um das Valens-Aquädukt

Traditionelle Welten der Altstadt

Der Atatürk-Boulevard, der durch das Valens-Aquädukt verläuft, teilt die Altstadt-Halbinsel in zwei sehr unterschiedliche Areale: in den touristischen und geschäftigen östlichen Teil und die ruhigeren, konservativen Viertel im Westen. In der traditionellen Nachbarschaft finden Besucher nicht nur Moscheen und byzantinische Ausgrabungen, sondern auch einen gemütlichen Platz für eine Rast.

Am »Mädchenmarkt« herrscht reger Handel (oben), viele Männer treffen sich dort auch zum Tee (unten). Davor erhebt sich das markante, über 1600 Jahre alte Valens-Aquädukt (rechte Seite unten).

Bewegt man sich auf der Altstadt-Halbinsel gen Westen, gelangt man in traditionelle Viertel, die zumeist von konservativeren Familien bewohnt werden. Aus den Fenstern hängende Wäsche, spielende Kinder und streunende Katzen prägen die Gassen. In Kaffeehäusern und Teegärten vertreiben sich die Männer die Zeit mit *tavla*, dem türkischen Backgammon, und die Frauen kümmern sich um die Einkäufe und das Mittagessen. Die Nachbarschaften westlich der Kalenderhane-Moschee bis ins konservative Fatih zeugen von der islamischen Lebensart. Die Frauen tragen Kopftücher und lange Mäntel, immer öfter sieht man auch strenggläubige Muslima, die sich mit dem *çar af* bis auf die Augen verhüllen, und Männer mit Kaftanen und Gebetsmützen.

Von der Kirche zur Moschee

Nach der osmanischen Eroberung Istanbuls wurden zahlreiche Kirchen wie auch die Hagia Sophia in Moscheen umgewandelt. Eine dieser Moscheen, die Kalenderhane Camii, steht am östlichen Ende des etwa 800 Meter langen Valens-Aquädukts. Der Backsteinbau aus dem 12. Jahrhundert war einst die byzantinische Klosterkirche Theotokos Kyriotissa. Bis heute sind rund um die vom islamischen Wander- und Bettelorden der Kalender-Derwische übernommene Moschee die Fundamentreste eines römischen Bades aus dem 4. Jahrhundert zu sehen. Außerdem erkennt man Reste der Vorgängerkirchen, die zum Teil in den heutigen Bau integriert wurden. Fresken und Mosaiken, die in der Moschee gefunden wurden, sind im Archäologischen Museum ausgestellt.

Zum Gedenken an den Prinzen

Eine weitere Moschee in der Gegend ist die Şehzade Camii (Prinzenmoschee) in der Şehzadebaşı Caddesi etwas weiter südlich. Die Moschee, die an den mit 22 Jahren verstorbenen Sohn Sülyemans des Prächtigen, Thronprinz Mehmed, erinnert, hat Baumeister Sinan zwischen 1543 und 1548 erbaut. Im schlichten und weiträumigen Inneren der Moschee erhebt sich eine 19 Meter weite Hauptkuppel, die von kleineren Kuppeln und einem Bogen getragen wird. Stalaktiten-

artige Stilelemente, sogenannte Muqarnas, schmücken die Eckzwickel und die Pfeiler, Arkaden ersetzen die sonst üblichen Galerien. Im Garten lohnt ein Blick in die freundlich gestaltete Grabtürbe des Prinzen mit grünen und gelben Fliesen, einer schön ausgemalten Kuppel und Buntglasfenstern. Sie gilt als eine der schönsten Türben der Stadt.

Der Bogen des grauen Falken

Schon von Weitem hat man einen schönen Blick auf das Valens-Aquädukt (Bozdo an Kemeri). Bevor man sich dem unter Kaiser Valens im Jahr 378 als Verlängerung unterirdischer Wasserleitungen errichteten Aquädukt nähert, lohnt an der Westseite der Kreuzung von Şehzadebaşı Caddesi und Atatürk Boulevard ein Stopp bei den Ausgrabungen der Polyeuktoskirche aus dem 6. Jahrhundert. Auf der gegenüberliegenden Seite lohnt vor dem Valens-Aquädukt noch ein Spaziergang im Fatih Anıt Park mit einem beachtlichen Denkmal des Sultans Mehmed II. Fatih.

Obwohl das zweistöckige Valens-Aquädukt zwischenzeitlich vernachlässigt und erst von Sultan Mehmed II. wieder instand gesetzt wurde, führte es bis zum Ende des 19. Jahrhunderts Wasser von den umliegenden Bergen und dem stadtnahen Belgrader Wald in die Stadt. Im Schatten des Valens-Aquädukts befindet sich nördlich der längliche Platz Kadınlar Pazarı (»Frauen-Markt«), der ideal für eine Pause vom Sightseeing ist und das Flair einer orientalisch geprägten Wohngegend versprüht. In den Läden rund um den Platz kann man regionale Spezialitäten einkaufen, und in den guten Lokalen wie »Siirt Şeref Büryan« bekommt man traditionelle Köstlichkeiten zu essen.

TRADITIONELLER HIRSE-DRINK

Das türkische Allheilmittel *Boza* soll gesundheitliche Wunder bewirken, Energie spenden und den Busen bei schwangeren Frauen vergrößern. Es wird bereits seit dem 14. Jahrhundert gebraut und von den Istanbulern besonders gern in der Winterzeit getrunken. Im Traditionslokal »Vefa Bozacısı« serviert man das puddingartige, kalte Getränk aus fermentierter Hirse bereits seit rund 130 Jahren. Der vitaminreiche Trunk wird mit Zimt bestreut und aus dem Glas gelöffelt. Manche *Boza*-Liebhaber streuen auf ihr Getränk auch Kichererbsen. Ein silberner Becher, auf den die Wirte besonders stolz sind, erinnert in dem nostalgischen und stadtbekannten Lokal mit dem uralten Steinboden, der mit Fliesen geschmückten Wand und einer traditionellen Holztheke daran, dass auch schon Kemal Atatürk hier seinen geliebten *Boza* getrunken hat.

WEITERE INFORMATIONEN

Fatih: www.fatih.bel.tr/en

Vefa Bozacısı: www.vefa.com.tr

Seit einigen Jahren wird die Zeyrek-Moschee (oben) umfassend restauriert. Der Aufstieg lohnt jedoch schon, um im anliegenden Café »Zeyrekhane« bei herrlicher Aussicht einen Kaffee zu trinken (unten).

17 Zeyrek-Moschee

Ein Viertel unter Denkmalschutz

Auf dem vierten Stadthügel der Altstadt thront zwischen den unter Denkmalschutz stehenden, teils restaurierten und teils verfallenen Holzhäusern der zweitgrößte byzantinische Sakralbau der Stadt, die heutige Zeyrek-Moschee.

Nur wenige der typisch osmanischen Holzhäuser mit den charakteristischen Erkern sind in Istanbul noch erhalten. Die meisten davon findet man im noch unberührten Stadtviertel Zeyrek, wo viele Kinder noch wie früher vor der Haustür spielen. Absolut sehenswert ist in Zeyrek jedoch die gleichnamige Moschee, die es genau wie die Häuser des Viertels auf die Liste des UNESCO-Weltkulturerbes geschafft hat.

Ein Kloster wird zur Moschee

Irene Komnenos, Frau des byzantinischen Kaisers Johannes II. Komnenos (1087–1143), stiftete im 12. Jahrhundert einen Klosterkomplex, der eine Kreuzkuppelkirche sowie karitative Einrichtungen wie eine Bibliothek, ein Asyl für Geisteskranke, ein Hospital und ein Altersheim umfasste. Nach dem Tod seiner Frau ließ der Kaiser nördlich der ersten Kirche, die Christus als Pantokrator geweiht war, eine weitere, der Theotokos Eleousa (der »barmherzigen Mutter Gottes«) gewidmete Kreuzkuppelkirche, errichten. Die beiden Kirchen wurden im Jahr 1136 auf sein Geheiß hin durch eine dem Erzengel Michael geweihte Kapelle miteinander verbunden. Dort wurden sowohl der Kaiser als auch andere Mitglieder der byzantinischen Kaiserfamilien Komnenos und Palaiologos begraben. Im Jahr 1204 wurde das Kloster nach dem Vierten Kreuzzug dann Sitz des venezianischen Klerus und des Kaisers Balduin II. (1217–1273). Die Venezianer lagerten dort geraubte Kirchenschätze und Reliquien, um sie anschließend zu verkaufen. Sultan Mehmed II. (1432–1481) ließ das Kloster im 15. Jahrhundert letztlich in eine Moschee mit sozialer Stiftung umwandeln. Den Namen verdankt sie übrigens einem ihrer wichtigsten Lehrer, Molla Zeyrek Mehmet Efendi.

Da die Zeyrek Camii vor einigen Jahren zu verfallen drohte, wurde sie auf die Liste der gefährdeten Denkmäler gesetzt und wird seitdem renoviert. Wenn die Moschee wieder zugänglich ist – wann das sein wird, ist noch unklar –, kann man wieder den Marmorboden der Südkirche bestaunen. In Ornamentfeldern werden die Taten Salomons, die Jahreszeiten und die Tierkreiszeichen abgebildet. Doch lohnt der Aufstieg auch jetzt schon wegen der Aussicht von der hübschen Terrasse des Restaurants »Zeyrekhane« gleich gegenüber, in dem feine türkische Küche serviert wird.

18 Fatih-Moschee

Die Moschee des Eroberers

Mitten in der konservativen Gegend der Istanbuler Altstadt, im Stadtteil Fatih, erhebt sich die gleichnamige Moschee, die größtenteils aus dem 18. Jahrhundert stammt. Besonders interessant für Shopping-Fans: Der Wochenmarkt rund um die Moschee ist einer der größten der Stadt.

In der Fatih Camii kommen viele Gläubige tagtäglich zum Beten zusammen (oben und unten). Der Gebetsraum der Moschee präsentiert sich mit Buntglasfenstern und vielen farbenfroh bemalten Bögen (links).

Gleich nach der Eroberung Konstantinopels im Jahr 1453 beauftragte Sultan Mehmed II. den Bau eines Stiftungskomplexes auf einem elf Hektar großen Gebiet des vierten Stadthügels. Für sein Bauvorhaben ließ er die Apostelkirche Kaiser Justinians sowie die Grabstätten einiger byzantinischer Kaiser abreißen. Auf dem freien Baugrund wurde 1470 dann die erste Fatih Camii erbaut. Ein Erdbeben im Jahr 1766 zerstörte die Moschee jedoch, und Sultan Mustafa III. (1717–1774) ließ an derselben Stelle eine neue Moschee mit gleichem Namen errichten. Für die Arkaden des Vorhofs hat man – wie auch schon beim Bau der ersten Fatih-Moschee – alte Spolien der Apostelkirche aus Rosengranit und dem grünen Krokeischen Stein, *Porfido verde antico*, genutzt. Vom Vorgängerbau wurden das Hauptportal, der rechteckige Reinigungsbrunnen und der untere Teil der Minarette verwendet.
Ein Pilgerziel sind die im Garten hinter der Moschee 1782 im barocken Stil neu errichteten Türben des Eroberers Sultan Mehmed II. und seiner Lieblingsfrau Gülbahar. Die rund um die Moschee stehenden Koranschulen, Armenküchen und die Karawansereien stammen noch aus dem 15. Jahrhundert. Das ehemalige Hospital südöstlich der Umfassungsmauer, das beim Erdbeben 1766 zusammenfiel, wurde nicht mehr aufgebaut.

Mittwochs ist Markttag

Einer der größten und ältesten Wochenmärkte Istanbuls ist der bekannte und sowohl bei Einheimischen als auch bei Touristen beliebte Mittwochsmarkt (Çarşamba Pazarı) von Fatih. Der vorwiegend von Frauen aufgesuchte Markt zählt mehr als 4500 Stände und etwa 2500 fliegende Händler auf sieben Straßen und 17 Gassen, beginnend bei der Yusuf Ziya Paşa Caddesi hinter der Moschee. Die zahlreichen Händler bieten alles, was das Shopping-Herz höherschlagen lässt – von Obst und Gemüse über Kleidung, Schuhe und Unterwäsche bis hin zu Haushaltsgeräten.
INFO: www.fatih.bel.tr/en

Sowohl verfallene als auch restaurierte Häuser in Fener zeigen sich in vielen Farben (oben). Von den Hügeln hat man einen tollen Blick auf das Goldene Horn (rechts oben). Alltagsszenen aus den Straßen in Fener (unten und rechts unten).

19 Fener und Balat

Erbe der Griechen und Juden

Die multikulturellen Viertel Fener und Balat sind zwei der geschichtsträchtigsten Stadtteile Istanbuls und präsentieren interessante Relikte aus der christlichen und jüdischen Kultur. Zwischen alten, teilweise restaurierten bunten Häusern, die die hügeligen Gassen säumen, trifft man außerdem auf urige Krämerläden und erhält Einblicke in den Alltag der dort lebenden, ärmeren Bevölkerung.

Fener, das einstige Zentrum der Istanbuler Griechen und Sitz des griechisch-orthodoxen Patriarchen, und das alte jüdische Viertel Balat mit vielen, leider oft nur nach Voranmeldung zu besichtigenden Synagogen und einer großen armenischen Kirche erstrecken sich landeinwärts des Südufers des Goldenen Horns. Leinen mit farbenfroher Wäsche überspannen altertümliche, oft sehr steile Gassen. Dort spielen Kinder, Frauen sitzen beim Plausch vor ihren Haustüren, und alte Männer vertreiben sich die Zeit beim *çay* im Tee- oder Kaffeehaus und geben sich dem Backgammon-Spiel hin. Immer wieder kann man bei einem Bummel durch Fener und Balat Blicke in Werkstätten von Handwerkern werfen und zugezogenen Kunsthandwerkern und Designern in ihren Ateliers und Werkstätten bei der Arbeit zusehen. Auf dem sonntäglichen kleinen Wochenmarkt von Balat, dem Kastamonu Pazarı in der Mahkemealtı Caddesi, kann man an einem Dutzend Ständen frisches Obst und Gemüse kaufen.

Die Geschichte der Viertel, die bis in die byzantinische Zeit zurückzuführen ist, wird vor allem durch religiöse Zeugnisse offensichtlich. Kirchen, Synagogen und Moscheen berichten von den einst äußerst multikulturellen Nachbarschaften. Heute wohnen dort größtenteils zugewanderte, meist strenggläubige muslimische Familien aus Anatolien und viele Roma. Durch die Unterstützung der Europäischen Union und privater Investoren versucht die Gemeinde, das kulturell bedeutsame Viertel in den letzten Jahren wieder aufzuwerten. Zwischen vielen heruntergekommenen griechischen und jüdischen Bürgerhäusern stechen inzwischen hübsch restaurierte Bauten hervor: ein faszinierender Kontrast, ideal für Fotografen und die türkische Filmindustrie.

Der Vatikan der griechisch-orthodoxen Christen

Souvenirläden, die auf Pilgergruppen aus Griechenland warten, säumen die kurze Gasse, die von der Uferstraße zum Sitz des Ökumenischen Patriarchen von Konstantinopel (Rum Ortodoks Patrikhanesi) in Fener führt. Seit 1601 liegt hinter hohen Mauern an der Dr. Sadık Ahmet Caddesi der äußerlich unscheinbare Ge-

Die Vodina Caddesi verbindet Fener und Balat und bietet interessante Einblicke in die Nachbarschaften, ins Streetfood-Angebot und nette Plätze für eine Rast (Mitte, unten und rechts oben). Über den Häusern thront das Griechische Jungengymnasium (oben).

bäudekomplex des Ökumenischen Patriarchats, in dem seit 1991 Seine Allheiligkeit Bartholomäus I. residiert. Der im 1940 auf der Ägäisinsel Imbros (türkisch Gökçeada) geborene Patriarch, der von der türkischen Regierung allerdings nur als Erzbischof von Istanbul anerkannt wird, ist der 270. Nachfolger des Apostels Andreas und somit faktisches Oberhaupt von rund 300 Millionen orthodoxen Christen auf der ganzen Welt. Seit dem großen Schisma, also der Spaltung der christlichen Kirche im Jahr 1054, genießt der Patriarch als *primus inter pares* eine erhöhte Ehrenstellung unter Gleichen in der Orthodoxie. Bartholomäus I. gilt als liberaler und offener Mensch, der sich intensiv für die Verständigung zwischen den Weltreligionen einsetzt. Durch sein Engagement für den Umweltschutz hat er sich auch einen Namen als »Grüner Patriarch« gemacht. Sehen kann man ihn – wenn er vor Ort ist – bei einer der Messen in der Patriarchatskirche.

Über eine breite Treppe gelangt man zu dem dreiflügeligen Tor, dessen linke Tür auf den Hof des Patriarchats führt. Die mittlere Tür ist seit 1821 zugeschweißt und erinnert dadurch an den Patriarchen Grigorios V. (1746–1821), der die Hellenen einst im griechischen Unabhängigkeitskrieg unterstützte und wegen Hochverrats nach dem Ostergottesdienst an diesem Tor gehängt wurde. Der Hof ist von Verwaltungs- und Wohnbauten sowie vom Bibliotheksgebäude aus dem 20. Jahrhundert umgeben. Gleich gegenüber dem Tor erblickt man die heutige Hauptkirche der Istanbuler Griechen, die 1720 als äußerlich recht bescheidene dreischiffige Basilika erbaut wurde und dem heiligen Georg (Agios Georgios) geweiht ist. Oberhalb des Eingangs erinnert der Doppeladler, Symbol der griechisch-orthodoxen Kirchen, an das byzantinische Kaiserwappen der Palaiologen. Der doppelköpfige Adler symbolisiert mit dem rechten Kopf Konstantinopel und mit dem linken Kopf das im Westen liegende Rom. In den Klauen hält er einen Globus und ein Kreuz, die für die weltliche und geistliche Autorität stehen. Durch den Narthex (Vorhalle) führen drei Tore in den Hauptraum des Gotteshauses. Im Hauptschiff, das von zwei hochbeinigen Sitzreihen gesäumt wird, fällt rechts vorn gleich der prachtvolle Thron des Patriarchen auf. Der 1577 von Patriarch Jeremiah II. gestiftete, vier Meter hohe Thron aus Wallnussholz ist mit kostbaren Elfenbein- und Perlmuttintarsien und viel Gold verziert. Prächtig vergoldet ist auch die kostbare Ikonostase, die Wand, die in allen orthodoxen Kirchen das Hauptschiff vom Altarraum trennt. Im südlichen Abschnitt der Ikonostase ist ein Teil der Geißelsäule Christi eingebaut, die der Legende nach die heilige Helene, Mutter Konstantins des Großen, aus Jerusalem nach Konstantinopel gebracht haben soll. An der Südwand der Kirche, rechts von der Ikonostase zu finden, zeigt ein seltenes, kostbares Mosaik aus dem 11. Jahrhundert Maria mit dem Jesuskind. Im rechten Seitenschiff werden außerdem die Reliquien der drei Märtyrerinnen Omonia, Euphemia und Theophano aufbewahrt.

Auf dem Hügel von Fener

Ein riesiger, knallroter Backsteinbau thront weithin sichtbar wie eine Festung über Fener. Das 1881 errichtete Schulgebäude ersetzte einige Vorgängerbauten aus osmanischer Zeit und hat bei Einheimischen den Spitznamen »Rote Burg«. Die bereits im 15. Jahrhundert gegründete, einstige Hauptbildungsstätte der griechischen Jungen wird heute nur noch von etwa 60 Schülern besucht und ist das älteste noch betriebene griechische Schulgebäude. Die charakteristische Kuppel beherbergt das astronomische Observatorium der Schule. Westlich des Schulgebäudes ragt ein weiterer überkuppelter roter Turm aus einem ummauerten Areal empor. Diese viel kleinere Kuppel gehört zu der ältes-

In Fener und Balat findet man noch die traditionelle osmanische Holzhausarchitektur mit ihren typischen Erkern (oben), zahlreiche alteingesessene Tante-Emma- und Gemüseläden (links) sowie ältere Herren, die sich die Zeit beim *tavla* vertreiben (unten).

Am Ufer des Goldenen Horns thront die bulgarische Eisenplattenkirche (oben). Die prunkvoll ausgestattete Kirche St. Georg ist für die griechisch-orthodoxe Gemeinde sehr wichtig (oben rechts). Die Lädchen in Balat laden zum Stöbern ein (unten), und mit etwas Glück kann man dort auch einer Schulvorführung (rechte Seite unten) beiwohnen.

ten griechisch-orthodoxen Kirche Istanbuls, die der heiligen Maria von den Mongolen (Mouchliotissa) gewidmet ist. Die kleine Kirche, für deren Besichtigung man einfach nur am Tor nach dem Küster klingeln muss, ist die Einzige, die auch nach der Eroberung Konstantinopels durch die Osmanen durchgehend und unverändert als christliches Gotteshaus genutzt wurde. Der zweisprachige Erlass des Eroberers Sultan Mehmed II., die Kirche zu verschonen, wird bis heute in der Kirche aufbewahrt.
Zu sehen ist außerdem ein Porträt der Stifterin, der Prinzessin Maria Despina Palaiologina, einer unehelichen Tochter Kaiser Michaels VIII., die zwischen 1281 und 1285 diese Kirche errichten ließ. Die Geschichte der Prinzessin ähnelt ein wenig einem Märchen: Eine arrangierte Ehe mit einem Enkel Dschingis Khans, Hülägü Khan, sollte die nach Europa ziehenden Mongolen versöhnen. Nach der Verlobung starb dieser jedoch, und die Prinzessin heiratete seinen Sohn Abaqa Khan. Da dieser wiederum von seinem eigenen Bruder ermordet wurde, sollte seine Witwe Maria schließlich diesen heiraten. Die Prinzessin floh jedoch, gründete ein Kloster an der Kirche und zog sich dorthin als Nonne zurück. Warum Sultan Mehmed II. schließlich genau diese Kirche verschonte, bleibt ein Rätsel.

Am Ufer des Goldenen Horns

Der Weg zum Goldenen Horn führt hinab zur Vodina Caddesi, der alten Flaniermeile, die Fener mit Balat verbindet und von sehenswerten, alten Bürgerhäusern und einigen Tante-Emma-Läden gesäumt wird. An der Tahta-Minare-Moschee vorbei, die durch ein markantes

Ziegelstein-Minarett hervorsticht, kommt man durch die rechts abzweigenden Gassen zum Ufer des Goldenen Horns mit der charakteristischen Sankt Stephanskirche der Bulgaren. Im 19. Jahrhundert war es insbesondere in französischen und britischen Kolonien üblich, viele Kirchen aus vorgefertigten Bausätzen zu konstruieren. Eines der wenigen erhaltenen Bauwerke dieser Art ist die bulgarische Stephanskirche, deren graugrün schimmernde Teile vollständig aus Eisen bestehen.
Nachdem die bulgarische Minderheit Istanbuls unter osmanischer Herrschaft jahrhundertelang in der Kirche des griechisch-orthodoxen Patriarchats ihre Gottesdienste gefeiert hatte, durfte sie im 19. Jahrhundert ihre eigene Kirche errichten. Das erste, hölzerne Gotteshaus wurde schließlich 1849 erbaut, brannte jedoch 50 Jahre später ab. Der armenische Architekt Housep Aznavur wurde dann beauftragt, ein neues Gotteshaus

zu errichten. Aznavur plante ein eisernes Bauwerk mit neubarocken und neugotischen Elementen, die von der österreichischen Firma R. Ph. Wagner vorkonstruiert wurden. Die 500 Tonnen schweren gusseisernen Fertigteile wurden mit Schiffen von Wien über die Donau und das Schwarze Meer nach Istanbul gebracht. Eineinhalb Jahre später, am 8. September 1898, waren die eisernen Platten beidseitig an das Stahlskelett angebracht. Die fertig zusammengebaute, dreischiffige und mit dem Altar zum Goldenen Horn hin ausgerichtete Kirche, deren Bemalung im Inneren wertvollen Marmorplatten gleicht, wurde vom bulgarischen Exarchen eingeweiht.

Die bunten Gassen von Balat

Vom Ufer des Goldenen Horns führt die von typischer Wohnhausarchitektur geprägte Çavuş Köprü Sokak wieder auf die Vodina Caddesi, an deren Ende die Relikte der unterschiedlichen Kulturen zu entdecken sind. Die leider nur unter Voranmeldung zu besichtigende Ahrida-Synagoge begeistert mit einer barocken Kuppel, einer Gebetskanzel in Form eines Schiffsbugs und schönen Wandmalereien. Ganz in der Nähe liegt die große armenisch-apostolische Kirche Surp Hreşdagabet (Erzengel-Kirche) von 1833. Das den Erzengeln Gabriel und Michael geweihte Gotteshaus, das ursprünglich als griechisch-orthodoxe Kirche erbaut wurde, ist ein beliebtes Pilgerziel armenischer Christen und präsentiert ein massives eisernes Tor, das 1739 bei Ausgrabungen gefunden wurde. Das Tor trägt eine deutsche Inschrift und zeigt eine Szene aus dem Leben des heiligen Georg. Die dritte Religion, die in Balat selbstverständlich auch präsent ist, ist der Islam. Die 1562 von Koca Mimar Sinan erbaute Ferruh Kethüda Camii ist eine sehenswerte Moschee mit einer schönen marmornen Gebetsnische und Kapitellen mit hölzernen Muqarnas-Ornamenten. Der gemütliche Garten der Moschee lädt zum Verweilen ein.

KUNSTHANDWERK UND SHOPPING

Seit einigen Jahren siedeln sich in Fener und Balat Kunsthandwerker und Designer an, deren Werke in Galerien und Ausstellungsräumen zu sehen und zu kaufen sind. So hat an der Yıldırım Caddesi die junge Designerin Mine Atalar 2009 ihre kleine Boutique »Minush« eröffnet. Sie stellt originelle und verspielte Kreationen wie Schuhe, Taschen, Kissen und Keramikwaren mit fröhlichen Aufdrucken wie Hunden, Katzen, Vögeln oder Früchten her. In einem historischen Gebäude am Ufer des Goldenen Horns befindet sich der Ausstellungsraum »Camhane« von Yasemin Aslan Bakiri, die seit über 25 Jahren große und kleine Deko-Objekte wie Vasen, Skulpturen oder Kaftane aus Glas herstellt. Mit Holz kreiert derweil der Maler und Holzschnitzer Ayhan Tomak seine Skulpturen. In seiner Galerie am Ufer findet man außerdem Reliefs und Wandgemälde. Da die Künstler nicht immer vor Ort sind, gibt es leider keine geregelten Öffnungszeiten.

WEITERE INFORMATIONEN

Ayhan Tomak: www.ayhantomak.com
Camhane: www.camhane.com
Minush: www.minush.net
Ökumenisches Patriarchat: www.patriarchate.org
Stephanskirche: www.svetistephan.com

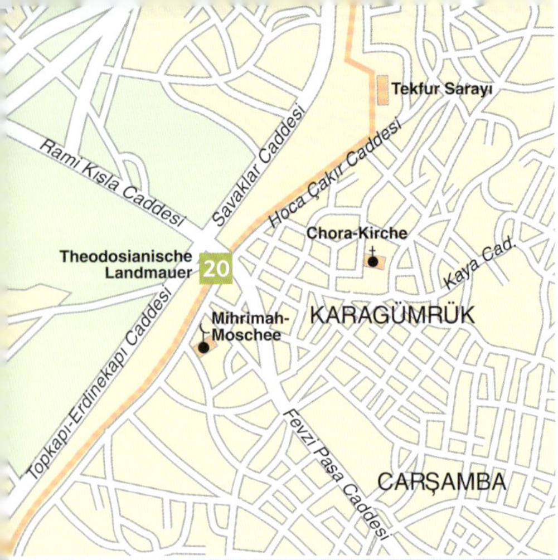

Die teils gut erhaltene oder restaurierte Theodosianische Landmauer lädt an einigen Abschnitten zum Aufstieg ein (oben und rechts). Am Wochenende findet auf dem Parkplatz auf Höhe des Edirnekapı ein Taubenbasar statt (unten).

20 Theodosianische Landmauer

Jahrhundertealte Befestigungsanlage

Ein massives Mauerwerk, das sich seit dem 5. Jahrhundert zwischen Goldenem Horn und Marmarameer erstreckt, schützte Konstantinopel über 1000 Jahre lang vor Belagerern. Auf das größtenteils erhaltene Mauerwerk mit einigen eindrucksvollen Toren kann man heute abschnittsweise hinaufsteigen. Außerdem lohnt in der Nähe die Besichtigung der Mihrimah Camii und der Ruinen eines byzantinischen Palastes.

Rund sechs Kilometer lang zieht sich die zweistufig angeordnete Theodosianische Landmauer im Westen der Altstadt-Halbinsel von Süden nach Norden. Um einen Eindruck von der Theodosianischen Mauer zu bekommen, sollte man besonders den nördlichen Mauerabschnitt von Ayvansaray bis Topkapı erkunden. Um sich ihren Aufbau zu verdeutlichen, steigt man am besten an einigen der begehbaren Stellen auf die Mauer. Der Abschnitt der massiven Mauer, die in byzantinischer Zeit die Stadt vom Land her schützte, trennt die kontrastreichen, umliegenden Viertel in eine moderne und eine ländlich wirkende Seite. Auf der Westseite der Mauer sieht man zwischen modernen Straßenzügen einige Grünanlagen und unbebaute Flächen, auf denen vereinzelt sogar Schafherden grasen. Östlich der Mauer sieht man hingegen einige Baracken, ländliche Häuschen mit gackernden Hühnern und historische Bauten.

Imposantes, dreiteiliges Mauerwerk

Das aus Kalkstein und Ziegeln errichtete Festungswerk ließ Kaiser Theodosius II. (401–450) zwischen 412 und 422 erbauen, um zusätzlichen Wohnraum in der Stadt zu schaffen. Es wurde etwa 1,5 Kilometer westlich der alten, von Konstantin dem Großen erbauten Stadtmauer hochgezogen. Die Mauer erlitt in den folgenden Jahrhunderten immer wieder massive Schäden, dennoch konnte sie Konstantinopel vor diversen Angriffen von Bulgaren, Hunnen, Ostgoten, Arabern und Tartaren schützen. Fast 100 Türme, die bis zu 20 Meter hoch waren, verstärkten die zwölf Meter hohe und fünf Meter breite Landmauer. Auf der Westseite wurde mit einem Abstand von 15 bis 20 Metern eine acht Meter hohe Vormauer mit 82 weiteren Türmen und Kasematten errichtet. Noch mehr Schutz bot ein 20 Meter breiter und zehn Meter tiefer Graben mit Trennwänden. Der Graben, der rasch mit Wasser gefüllt werden konnte, war mit Ziegeln ausgelegt. Er bildete den äußersten Teil des Wallsystems. Einlass in die Stadt gewährten kleine Pforten, die an den Seiten von einigen Türmen angebracht waren, sowie elf Tore, die das doppelte Mauerwerk umfassten. Haupttor war die

Die Gegend östlich der Theodosianischen Landmauer lädt besonders bei der Chora-Kirche mit traditioneller Holzhausarchitektur zum Spaziergang ein (oben und unten). Zahlreiche Buntglasfenster schmücken die Mihrimah-Moschee (rechte Seite unten).

einst prächtige Porta Aurea am Südende des Mauerwerks.
In den letzten Jahren wurden einige Tore wie das Topkapı, das Kanonentor, restauriert. Dieses bedeutende Tor war am 29. Mai 1453 Angriffsziel der Osmanen. Das Tor und die Mauer wurden vom Ungarn Urban mit 300 Kilogramm schweren Kugeln bombardiert, sodass Tor und Mauer nach über 1000 Jahren einstürzten. Die osmanischen Truppen rückten unter dem Eroberer Sultan Mehmed II. näher. Die Janitscharen betraten durch dieses Tor die Stadt und konnten dadurch weitere Tore der Hauptmauer öffnen. Da die byzantinischen Truppen in der Minderheit waren, mussten sie sich letztlich zurückziehen. Die byzantinische Reichshauptstadt und der letzte byzantinische Kaiser Konstantin XI. (1404–1453) fielen, aber auch Urban wurde durch die Explosion seiner überhitzten Kanone getötet – Sultan Mehmed II. hatte ihm eine schnellere Schussfrequenz befohlen. Nach der Eroberung von den osmanischen Sultanen wurde die Mauer schließlich bis ins 17. Jahrhundert gepflegt.

Die Moschee der Prinzessin

Rund einen Kilometer nördlich des Topkapı steht östlich der Mauer die Mihrimah-Moschee, die in den 1560er-Jahren von Prinzessin Mihrimah, einer Ururenkelin Sultan Mehmeds II. und Tochter Süleymans des Prächtigen, gestiftet wurde. Die von Baumeister Koca Mimar Sinan an der höchsten Stelle der Altstadt errichtete Moschee sollte von Weitem zu sehen sein und Reisenden aus Europa und Edirne in der Westtürkei den Weg in die Stadt weisen. Nahe der Moschee endete einst die wichtige Heerstraße von Edirne, dem alten Adrianopel. Sultan Mehmed II. nutzte nach der zweimonatigen Belagerung der Stadt dieses Tor für seinen triumphalen Einzug.
Sinan hat in seinem Bauwerk besonders gut den Wunsch der Prinzessin umgesetzt, einen lichtdurchfluteten Gebetsraum zu schaffen, indem er 104 Fenster einbaute. Vier hohe Schildwände mit je drei Fensterreihen stützen die 20 Meter weite Kuppel mit einem Fensterkranz und einer Scheitelhöhe von 37 Metern. Den hellen Einheitsraum verwirklichte Sinan weiterhin durch die Integration der vier stützenden Pfeiler in die Seitenwände. Die seitlichen Schildwände werden von jeweils zwei monolithischen Säulen getragen. Sie trennen den kubusförmigen Hauptraum von den überkuppelten Seitenschiffen.

Der letzte byzantinische Kaiserpalast

Gut einen halben Kilometer weiter nördlich erstreckt sich am Ende der Landmauer die Ruine des im 13. und 14. Jahrhundert erbauten Porphyrogennetos-Palastes. Dieser wurde als letzter Palast der Byzantiner und Anbau des größeren, nördlich anschließenden Blachernen-Palastes errichtet. Aufgrund der Verwendung verschiedener Steinlagen – einem im 10. Jahrhundert häufig genutzten Stilmittel, um Polychromie zu erzeugen – gehen einige Archäologen auch von einem früheren Baudatum aus. Vom Palast sind heute noch die Mauern eines Saals mit drei Stockwerken erhalten, die aus schmalen Ziegel- und breiten Mörtelschichten bestehen. Arkaden bilden den Zugang zum Erdgeschoss. Auf der zur Stadt hin gewandten Seite ist noch ein Balkonansatz erkennbar, die Zwischen-

decken sind nicht mehr erhalten. Im 18. Jahrhundert wurde der Palast unter Sultan Ahmed III. (1673–1736) noch von Töpfern der İznik-Kunst genutzt.
Da das ehemalige, 2000 Quadratmeter große Areal des Blachernen-Palastes, das sich zwischen Goldenem Horn und Eğrikapı erstreckte, vollständig überbaut wurde, sind heute nur noch wenige Mauerreste erkennbar. Der Blachernen-Palast wurde im 8. Jahrhundert in dieser Gegend errichtet, weil die byzantinischen Kaiserpaläste am Marmarameer nicht mehr sicher vor den Angriffen der Araber waren. Eine schon damals bedeutende Marienkirche in der Paşa Bostanı Sokak bildete den Mittelpunkt des Palastgebiets. Ein 1960 neu errichtetes Gotteshaus ist mit seiner heiligen Quelle heute ein wichtiger Wallfahrtsort von griechisch-orthodoxen Gläubigen, die an die heilsamen Kräfte der Quelle glauben.
Im 11. Jahrhundert fand unter Alexios I. Komnenos (1048–1118) der größte Ausbau des Palastkomplexes statt. Der Kaiser ließ dort den großen Komnenen-Palast errichten. Im 13. Jahrhundert wurde das Palastareal durch die Kaiserfamilie der Palaiologen umfassend renoviert und erweitert. Aus dieser Zeit ist heute das aus zwei Türmen bestehende »Gefängnis des Anemas« erhalten. Die Türme dienten einst als Lebensmittellager und später als Gefängnis. Unter Kaiser Alexios I. Komnenos wurde dort der aufständische General Michael Anemas eingesperrt, später auch einige Mitglieder der byzantinischen Kaiserfamilien.

DIE EROBERUNG KONSTANTINOPELS

Nahe dem Topkapı, dem Tor, durch das die Osmanen Konstantinopel erobern konnten, eröffnete im Jahr 2009 in einer Grünanlage das dreistöckige Museum Panorama 1453, in dem es um die Eroberung der byzantinischen Hauptstadt am 29. Mai 1453 geht. Ein 2350 Quadratmeter großes Panoramabild, kombiniert mit Audioeffekten und rekonstruierten Kanonen, Pferdewagen und Pulverfässern, berichtet – leider nur mit türkischen Infos – von byzantinischen und osmanischen Soldaten beim Kampf um die Stadt. An dem interessanten Projekt mit 3-D-Effekt, in dessen Vordergrund die riesigen Kanonen stehen, mit denen Sultan Mehmed II. auf seinem Ross die Eroberung seiner künftigen neuen Hauptstadt gelang, arbeiteten acht Künstler drei Jahre lang mit 10 000 Darstellern. Gut erkennbar ist dort auch die Überzahl der Armee gegen die nur etwa 9000 Verteidiger.

WEITERE INFORMATIONEN

Panorama 1453:
www.panoramikmuze.com

Die hohen, ungesicherten Mauern der Festung Yedikule (oben) sind nichts für Menschen mit Höhenangst. Nach der Festung lohnt eine Rast am Marmarameer (rechte Seite unten). Beim Essen in Samatya hört man schon mal Hähne krähen (unten).

21 Festung Yedikule

Bastion mit Meerblick

Interessante historische Sehenswürdigkeiten findet man in Istanbul nicht nur in den beliebtesten und oft überlaufenen Gegenden wie Sultanahmet, sondern auch in touristisch weniger erschlossenen Vierteln. Ein schöner Ausflug führt zum südlichen Teil der Theodosianischen Landmauer, der einst durch Anbau neuer Türme und Mauern zur Festung Yedikule ausgebaut wurde.

Abseits der quirligen Viertel Sultanahmet und Eminönü liegt der weniger besuchte südliche Teil der Theodosianischen Mauer mit der Festung Yedikule. Zur »Burg der sieben Türme« (türkisch *yedikule*) gelangt man beispielsweise mit dem Zug in Richtung Halkalı, vom Bahnhof Sirkeci ins Viertel Yedikule. Dabei hat man die Möglichkeit, die ersten (bzw. letzten) acht Kilometer der Orient-Express-Strecke abzufahren und die Alstadt-Halbinsel einmal von einer anderen Seite zu betrachten. Aus dem Zugfenster kann man links immer wieder einen Blick auf die im Marmarameer verkehrenden Fähren erhaschen. Rechts erheben sich zwischen neuen Bauten, Holzhäusern und alten Mauern der Topkapı-Palast und die Hagia Sophia. Vorbei an einem alten französischen Krankenhaus und der Kücük Ayasofia erreicht der Zug bald die Station Kumkapı des ehemaligen Fischerviertels. Man passiert das noch recht unberührte Tavernen-Viertel Samatya (Koca Mustafa Paşa) und erreicht schließlich nach einer halben Stunde den kleinen nostalgischen Bahnhof Yedikule. Rechts führt die Straße nun durch das einst multikulturelle Viertel Yedikule, das heute oft als Szenerie für Filmteams dient, zur Festung Yedikule am Südende der Theodosianischen Landmauer.

Die Burg der sieben Türme

Welches Mauerwerk könnte sich für eine Festung besser eignen als das der alten Theodosianischen Landmauer, muss sich Sultan Mehmed II. bei der Planung der Festung Yedikule gedacht haben. Nur kurz nach der Eroberung ließ der Sultan in den Jahren 1457/58 am Südende der byzantinischen Stadtmauer eine wehrhafte Festung bauen, die als Gefängnis, Schatzkammer und Archiv dienen sollte. Die vier Türme und die Mauer auf der Westseite stammen somit aus byzantinischer Zeit. Östlich gegenüber wurden drei sternförmig angelegte Rundtürme erbaut, die durch neue Mauern untereinander und mit den zwei Außentürmen der Theodosianischen Mauer verbunden wurden. Wer keine Höhenangst hat, sollte sich die tolle Aussicht auf die Landmauer, die Viertel der Umgebung und das Marmarameer von Türmen und Mauern nicht entgehen lassen. Am Bo-

den sieht man gleich links des Eingangs den »Kerker-Turm«, in dem Gesandte aus fremden Ländern und Verräter des Sultans eingesperrt wurden. Im weitläufigen Innenhof standen einst Wärterhäuser und eine Moschee, deren Ruine noch erkennbar ist.

Das Haupttor der Landmauer

Gegenüber dem heutigen Eingang sind drei zugemauerte Durchgänge erkennbar, die in byzantinischer Zeit gemeinsam mit zwei viereckigen Marmortürmen die Porta Aurea, das Goldene Tor zu Konstantinopel, bildeten. Das prächtige, 66 Meter breite und 20 Meter hohe Tor war Endpunkt des Balkan-Abschnitts der römischen Verbindungsstraße zwischen Rom und Konstantinopel, der Via Egnatia. Während das große mittlere Tor dem Kaiser als Triumphtor diente, wurden die beiden kleinen Tore als Ein- und Ausgang in die Stadt vom Volk genutzt. Durch das linke, das mittlerweile einzige nicht zugemauerte Tor, dessen Gitter manchmal auch offen steht, gelangt man zu einem kleinen, überwucherten Hof auf der Außenseite. Die Fassade auf dieser Seite war in byzantinischer Zeit prächtig geschmückt – mit Gold, Statuen der Siegesgöttin Nike und des Kaisers Theodosius II. sowie vier bronzenen Elefanten. Im südlichen Marmorturm des Goldenen Tors wurde in osmanischer Zeit ein Richtblock aufgestellt. Einer der berühmtesten an dieser Stelle Getöteten war Sultan Osman II. (1604–1622), der den Janitscharen unterstellte, sich im verlorenen Kampf gegen Polen feige verhalten zu haben, und ihre Macht infrage stellte.

MIT DEN EINHEIMISCHEN ESSEN

Die gemütliche, einst multikulturelle Nachbarschaft Samatya hat sich in den letzten Jahren gemausert und läuft dem alten Fischtavernen-Viertel Kumkapı allmählich den Rang ab. Rund um den Hauptplatz des Viertels, eine weitere beliebte Location der türkischen Filmindustrie, haben sich zahlreiche gute *meyhane* (Tavernen) angesiedelt, in denen man köstliche *meze* und *rakı* bekommt. Man trifft sich zwischen Holzhäusern in gastfreundlicher Atmosphäre unter Freunden und tanzt manchmal auch auf der Straße. Für Stimmung sorgen oft Livemusik in den Lokalen und wandernde Straßenmusiker. Besonders gut kann man in Samatya z.B. im Restaurant »Develi« essen, wo seit 1912 Gerichte aus der südostanatolischen Küche und diverse Kebab-Variationen serviert werden. Begleitet von traditioneller Fasıl-Musik schmeckt es auch im »Ali Haydar« äußerst gut.

WEITERE INFORMATIONEN

Al Haydar: www.alhaydarusta.com
Die Züge (Banliyö Treni) fahren vom Bahnhof Sirkeci mindestens alle 25 Minuten zur Haltestelle Yedikule.
Daveli: www.develikebap.com
Samatya: www.samatyameydan.com

Der Kariye Pembe Köşk bietet einen schönen Blick auf den roten Backsteinbau der Chora-Kirche (oben und unten). Im inneren Narthex stellt ein Mosaik im Gewölbe die Einführung Marias in den Tempel dar (rechts).

22 Chora-Kirche

Wiederentdeckte byzantinische Kunst

Auf dem sechsten Stadthügel kann man seit 1958 in der ehemaligen Chora-Kirche (Kariye Müzesi) die eindrucksvollen Fresken und Mosaiken im Stil der palaiologischen Renaissance und die prachtvolle Marmorausstattung besichtigen. Die gut erhaltenen Mosaikarbeiten zeugen von der feinen Kunst der Byzantiner und zählen zu den bedeutendsten Sakralausschmückungen weltweit.

Zwischen 1315 und 1321 ließ Theodoros Metochites, Schatzmeister und Kanzler unter Kaiser Andronikos II. Palaiologos, an der Stelle einer Klosterkirche aus dem 6. Jahrhundert die Chora-Kirche (»Kirche des Landes«) errichten. Die außerhalb der konstantinischen Mauer gelegene Kirche ließ er mit mehrfarbigen Marmorplatten auskleiden sowie mit kostbaren Fresken und Mosaiken schmücken. Ende des 15. Jahrhunderts erklärte Großwesir Ali Paşa den Sakralbau zur Moschee, deckte den Wandschmuck mit Holz ab und ließ ihn mit Farbe übertünchen. Die Mosaiken und Fresken kamen erst wieder Mitte des 20. Jahrhunderts zum Vorschein, als das Byzantine Institute of America (Washington, D.C.) sie freilegte und konservierte. Seit 1958 ist die Chora-Kirche ein Museum, das mit erstaunlich gut erhaltenen Mosaikarbeiten das künstlerische Potenzial der Byzantiner repräsentiert.

Die Architektur

Die Chora-Kirche gliedert sich in verschiedene Bereiche: Südwestlich windet sich die äußere Vorhalle (Exonarthex) mit der anschließenden Grabkapelle (Parekklesion) L-förmig um die innere Vorhalle (Esonarthex) und den Hauptraum (Naos). Nördlich des kreuzförmigen Hauptraums, den eine hohe Kuppel krönt, schließt sich ein länglicher Raum an, der sowohl durch die innere Vorhalle als auch durch einen kleinen überkuppelten Raum (Prothesis) vom Naos her zu erreichen war. Er diente als Aufbewahrungsort liturgischer Geräte. Der Hauptraum hat eine glanzvolle Marmorausstattung, die Grabkapelle schöne Fresken, und die Vorhallen rühmen sich einzigartiger Mosaiken im Stil der palaiologischen Renaissance.

Zwei Marmorsäulen, deren Kapitelle mit Blättern, Kreuzen und Engeln verziert sind, trennen den Bereich des Exonarthex von der Grabkapelle, die gut erhaltene Fresken aus den Jahren 1320/21 birgt. Im unteren Teil der Apsis sind Patriarchen und Bischöfe aus dem 2. bis zum 4. Jahrhundert dargestellt. Darüber sind die Auferstehung und ein Medaillon mit dem Erzengel Michael abgebildet. Fresken mit Szenen des Jüngsten Gerichts zieren das Gewölbe südlich der Apsis.

Die Mosaiken der Chora-Kirche (oben rechts) gehören zu den aufwendigsten weltweit. Im Hauptraum sind Jesus (oben) und der Tod Marias (unten) dargestellt. Die Grabkapelle wird von eindrucksvollen Fresken geschmückt (rechte Seite unten).

Mosaiken im äußeren Narthex

Am Nordende des Exonarthex beginnt der sich im Uhrzeigersinn fortsetzende Mosaikenzyklus, der vom Leben Jesu erzählt, angefangen bei Josefs Traum und der Reise nach Bethlehem. Fast jeder kennt das Mosaik im Gewölbebogen der Ostwand links des Durchgangs zum inneren Narthex: die Weihnachtsgeschichte. Wer genauer hinschaut, erkennt die verbundenen Füße Marias, die ihre Jungfräulichkeit symbolisieren. Rechts des Durchgangs werden in einem Feld zwei Szenen der Heiligen Drei Könige gezeigt: Links folgen sie dem Stern nach Bethlehem, und rechts sprechen sie bei König Herodes vor. Gegenüber sieht man, wie sich Elisabeth mit ihrem Kind, Johannes dem Täufer, vor den Soldaten des Königs Herodes versteckt. Von der Rückkehr der Heiligen Familie aus Ägypten nach Nazareth berichtet das Bogenfeld rechts vom Ausgang. Im Gewölbe darüber wird das Leben Johannes des Täufers und die Taufe Christi gezeigt. In den Pendentifs zwischen den beiden Türen geht es dann um die Wunder Jesu wie die Brotvermehrung und die Hochzeit zu Kana, bei der Jesus Wasser zu Wein verwandelte. Äußerst beachtlich ist das Mosaik gegenüber dem Ausgang. Dort thront Jesus als Pantokrator. Seine Augen wirken, als würden sie den Betrachter in jegliche Richtung folgen – eine Technik, die von Leonardo da Vincis *Mona Lisa* bekannt ist.

Mosaiken im inneren Narthex

Das einzige Mosaik in der inneren Vorhalle, das keine biblische Geschichte erzählt, sieht man im Bogenfeld oberhalb der Tür, die in den Naos führt. Abgebil-

det ist dort der Stifter Theodoros Metochites, der Christus ein Modell seiner Kirche überreicht. Außergewöhnlich ist der Bilderzyklus im Nordteil des Esonarthex, der hauptsächlich mit Szenen aus den apokryphen Schriften, also Texten, die nicht im biblischen Kanon enthalten sind, vom Leben Marias berichtet. Der Zyklus beginnt auch hier an der Nordwand. Im Zentrum der Kuppel ist Maria mit dem Jesuskind in einem Medaillon abgebildet, umrahmt von 16 Königen aus dem Alten Testament. Interessant ist das Bogenfeld an der Ostwand: Der Erzengel Gabriel überbringt Anna die Botschaft, dass sie mit Maria schwanger ist. Das abgebildete Wasser ist ein Symbol des Lebens, und der zu seinem Nest fliegende Vogel weist ikonografisch auf die neue Familie hin. Auf den rechts folgenden Mosaiken überbringt Anna ihrem Mann Joachim die Nachricht ihrer Schwangerschaft, dann folgt die Geburt Marias, der Joachim nur an der Tür beiwohnen darf. Im Rundbogenfeld zwischen den beiden Türen wird Maria gezeigt, wie sie mit sechs Monaten ihre ersten Schritte macht. Darüber sieht man

im Deckenmosaik, wie Maria in den Tempel gebracht und vom Hohepriester Zacharias gesegnet wird. Weitere Mosaiken berichten von ihrem Leben im Tempel und an der Westwand rechts der Tür zum Exonarthex von ihrer Begegnung mit Josef. Das letzte Mosaik aus diesem Zyklus, Mariä Verkündung, kann man sich im südwestlichen Pendentif der nördlichen Kuppel anschauen.
Im Zentrum der südlichen Kuppel ist Christus als Pantokrator in einem Medaillon abgebildet, umgeben von 24 Abschnitten mit seinen Vorfahren wie Adam, Noah und Abel. Die Mosaiken, die die Kuppel umgeben, thematisieren den heilenden Jesus. An der Ostwand darunter ist der Teil einer üblichen byzantinischen Bildkomposition des Bittgebets erhalten, das Deesis-Mosaik, das Jesus und die fürbittende Maria zeigt. Maria zur Seite steht der Stifter Prinz Isaak Komnenos, der Anfang des 12. Jahrhunderts die Renovierung des Vorgängerbaus veranlasste. Rechts von Jesus ist der Kopf der Nonne Melane, Maria Palaiologos, der Schwester des Kaisers Andronikos II., erkennbar.

Farbenprächtiger Marmor im Naos

Der Hauptraum enthält nur drei Mosaike, dafür aber eine imponierende, mehrfarbige Marmorverkleidung an Boden und Wänden. Am häufigsten kommt weißer Marmor mit grauer Maserung vor, es wurden aber auch Porphyr, Onyx und antiker Marmor verwendet, der mit grünen, gelben, roten und pinkfarbenen Maserungen beeindruckt. Links gegenüber dem Eingang sieht man ein Mosaikfeld mit der Darstellung Christi, der in seiner linken Hand ein aufgeschlagenes Buch hält, in dem ein Vers des Matthäus-Evangeliums zu lesen ist: »Kommet her zu mir, die ihr mühselig und beladen seid; ich will euch erquicken.« Das rechte Mosaikfeld zeigt Maria als Wegweisende mit dem Christuskind in ihrem Arm.
Über der Tür ist das Mosaik der Koimesis, also der Tod Marias und die Himmelsaufnahme, zu sehen – ein Bild, das typisch für griechisch-orthodoxe Kirchen ist.

DES SULTANS LEIBGERICHTE

Gleich neben der Chora-Kirche werden im feinen »Asitane Restaurant« und seinem gemütlichen Garten seit über 20 Jahren uralte, längst vergessen geglaubte Rezepte aus den osmanischen Sultanspalästen nachgekocht. Die Köche des Restaurants konnten nach eingehender Recherche über 200 Originalrezepte aus den Küchen des Topkapı- und des Dolmabahçe-Palastes rekonstruieren. Nur selten ähneln die aus dem 15. bis zum 19. Jahrhundert stammenden Gerichte der modernen türkischen Küche. Die alten Rezepte wurden vom gesamten Herrschaftsgebiet des Osmanischen Reichs beeinflusst und sind von herzhaften und süßen Geschmacksnuancen geprägt. Die Speisekarte, die saisonal wechselt, birgt zum Beispiel mit Reis, Rosinen, Rind- und Lammfleisch gefüllte Quitten, ein Rezept von 1539, oder ein Kichererbsenpüree, das mit Rosinen, Pinienkernen und Zimt verfeinert ist. Klassische türkische Livemusik begleitet das Essen donnerstags bis sonntags.

WEITERE INFORMATIONEN

Asitane Restaurant: Kariye Camii Sok. 6; Edirnekapı, Tel. 0212/635 79 97, www.asitanerestaurant.com
Chora-Kirche: http://kariye.muze.gov.tr

Wohl der Inbegriff der Bedeutung eines Gotteshauses: stille Begegnungen und friedvolle Momente der Andacht in der Chora-Kirche.

Die osmanischen Holzhäuser in Eyüp fallen durch ihre Pastelltöne auf, davor werden an Ständen religiöse Utensilien, Kosmetika und mehr feilgeboten (oben). Die Pilger glauben an die heilsame Wirkung des Heiligen Wassers (rechte Seite unten).

23 Eyüp

Das türkische Mekka

Einer der wichtigsten islamischen Wallfahrtsorte – nach Mekka, Medina und Jerusalem – ist Eyüp, der wohl heiligste Vorort am nordwestlichen Ende des Goldenen Horns. Hunderttausende Pilger finden sich jährlich am Schrein von Abu Ayyub al-Ansari, des Fahnenträgers des Propheten Mohammed, ein. Außer den beachtlichen religiösen Stätten bietet Eyüp auch einen der schönsten Aussichtspunkte Istanbuls.

Das fromme und friedvolle Eyüp wurde nur kurze Zeit nach der Eroberung der byzantinischen Hauptstadt zu einem wichtigen Pilgerziel in der islamischen Welt. Bei der ersten Belagerung Konstantinopels durch die Araber 668/669 starb der Gefährte des Propheten Mohammed, Abu Ayyub al-Ansari, und wurde vermutlich vor den Toren der Stadt begraben. Als acht Jahrhunderte später Sultan Mehmed II. Konstantinopel eingenommen hatte, wurde sein Leichnam auf wundersame Weise von dem Lehrer des Sultans, Şeyh Akşemsettin, gefunden, dem im Traum ein Engel den Weg gewiesen hatte. 1458, nur fünf Jahre nach der Eroberung, ließ der Sultan dem Märtyrer zu Ehren eine Grabtürbe errichten, in der er seine Gebeine feierlich beisetzen ließ. Die neue osmanische Hauptstadt bekam durch diese Bindung zum Propheten Mohammed eine starke Gewichtung in der islamischen Welt.

Die Eyüp-Moschee

Die von Grabtürben und religiösen Souvenirläden gesäumte Camii Kebir Sokak führt vom Ufer des Goldenen Horns auf den Hauptplatz von Eyüp, in dessen Mitte ein großer Brunnen steht. Rechterhand erhebt sich die Eyüp Camii, ein im 18. Jahrhundert von Sultan Selim III. (1761–1808) gänzlich erneuerter Bau, der die alte Moschee aus dem 15. Jahrhundert ersetzte. Der äußere Hof der Moschee mit dem Reinigungsbrunnen führt auf den Vorhof der Moschee. Dort erheben sich zwei große, umzäunte Platanen mit einem Podium in der Mitte, das der Inthronisation der Sultane diente. Die zukünftigen Sultane wurden dafür bei einem Ritual von den Derwischen des Mevlevi-Ordens mit dem Schwert Osmans, dem Gründer der osmanischen Dynastie, umgürtet. Die Abschlüsse an den Zaunpfosten erinnern an deren Hüte.
Die Grabstätte Abu Ayyubs liegt hinter der auffälligen Wand mit dem großflächigen, blauen Fliesenschmuck. Gläubige reihen sich vor einem Fenster auf, beten und erbitten Hilfe bei Krankheiten und Problemen. Der schmale Eingang zu der Grabstätte liegt unter einem vorgezogenen Baldachin. Im ebenfalls fliesengeschmückten Inneren der Türbe wird der

Holzsarkophag des Märtyrers von einem silberbestickten Samttuch überdeckt. Der Eingang zur schlichten und sehr hellen Moschee liegt gleich gegenüber. Der weite Gebetsraum wird durch das Tageslicht erhellt, das durch längliche Fenster ins Innere scheint. Auch der Tambour, der zwischen der großen Hauptkuppel und den acht Halbkuppeln Höhe und Helligkeit erzeugt, wird durch Fenster durchbrochen. Verzierungen finden sich lediglich in Form von goldenen Kalligrafien an der Qibla-Wand und an der Predigerkanzel und der Gebetsnische, die mit Gold geschmückt sind.

Grabstätten in der Nähe des Heiligen

Nach Erbauung der Eyüp Camii haben sich ganz in der Nähe zahlreiche vermögende Muslime in Türben oder auf dem den Berg hinaufkletternden Friedhof im Schatten von Zypressen bestatten lassen. Auf dem Friedhof gibt es zahlreiche interessante Grabstelen zu sehen. Über 25 Türben in den umliegenden Gassen zeigen den Wunsch, in der Nähe eines Heiligen bestattet zu werden, um so näher am Paradies zu sein. Südlich der Moschee liegt in der Camii Kebir Sokak die achteckige Türbe des Großwesirs Sokullu Mehmed Paşa (1505–1579). Seine Grabstätte mit der zugehörigen Koranschule ließ er bereits 1574 erbauen. Interessant ist außerdem die prachtvolle Türbe von Sultan Sultan Mehmed V. Reşad Hân in der Beybaba Sokak. Sie erhebt sich in einem großen Garten gleich neben einer Schule, weil er zu Lebzeiten Kinderstimmen so mochte. Besonders eindrucksvoll ist aber der Stiftungskomplex der Mutter Sultan Selims III., Mihrişah, von 1791 in der Sultan Reşat Caddesi. Die Türbe und die Armenküche, in der bis heute noch für Bedürftige das Essen zubereitet wird, gehören zu den eindrucksvollsten Bauten des türkischen Barock in der Stadt.

ATEMBERAUBENDER AUSBLICK

Nicht viele Plätze bieten in der Millionenmetropole einen so fantastischen Ausblick auf das Goldene Horn und Istanbul wie das »Café Pierre Loti«, das auf einem etwa 550 Meter hohen Hügel oberhalb von Eyüp thront. Dort oben lässt sich bei einem *çay* oder türkischen Mokka abseits des Trubels der Stadt einfach mal ausspannen. Erreichbar ist das Café sowohl in etwa 20 Minuten zu Fuß über einen schmalen Weg durch den sehenswerten osmanischen Friedhof von Eyüp als auch mit der Seilbahn, deren Talstation nahe der Moschee liegt. Täglich zieht es viele Einheimische und Touristen in das Café, das seinen Namen dem französischen Marineoffizier und Schriftsteller Pierre Loti (1850–1923) verdankt. Er soll dort oben viel Zeit mit seiner heimlichen Liebe Aziyade verbracht haben und verewigte den Ort auch in seinen Romanen.

WEITERE INFORMATIONEN

Café Pierre Loti: Karya dı Sokak, Eyüp, Tel. 02 12/581 26 96, täglich 8–24 Uhr (Seilbahn 8–23 Uhr)

Eyüp: www.eyup.bel.tr (türkisch)

In der Tavernen-Gasse Nevizade Sokak ist immer etwas los (oben). Schöne Kalligrafien sind im Museum der Derwische ausgestellt (Mitte). Passagierboote verkehren zwischen Europa und Asien (unten). Markant erhebt sich der Galata-Turm vor Beyoğlu (rechts).

Beyoğlu, Galata und Pera

YENI YEŞİL ADA
İ.İSTANBUL

Die Fähren am Goldenen Horn werden größtenteils von Einheimischen genutzt (oben). Die Boote pendeln zwischen den historischen und modernen Stadtteilen des europäischen Istanbul (unten).

24 Bootstour am Goldenen Horn

Sightseeing abseits der Massen

Kaum bekannt und dennoch – oder gerade deshalb – lohnend ist eine Bootsfahrt auf dem Goldenen Horn (Haliç). Gesäumt wird der etwa sieben Kilometer lange Meeresarm, der die historischen Viertel Istanbuls von den modernen trennt, von sehenswerten Bauwerken, die man teilweise auch besichtigen kann.

Gesellt man sich am Morgen zu den Einheimischen, die vom kleinen Anleger der Haliç-Fähren westlich der Galata-Brücke zu ihren Arbeitsstätten fahren, erhält man nicht nur Einblicke in das Istanbuler Leben abseits des Tourismus, sondern kann sich auch auf eine abwechslungsreiche Bootstour zwischen vielfältigen Vierteln freuen. Die maximal 750 Meter breite Meerenge trennt den europäischen Teil der Stadt in die historische Altstadt-Halbinsel und die europäisch geprägten Viertel im Norden. Im 8. Jahrhundert schützte eine starke Gusseisenkette das strategisch für die Verteidigung wichtige Goldene Horn vor feindlichen Schiffen. Erst im Jahr 1204 konnten venezianische Schiffe die Kette durchbrechen und in die Stadt vordringen.

Sehenswertes am Ufer

Nach dem Start der Fähre in Eminönü geht es im Zickzackkurs gen Westen. Am ersten Anleger der Fähren, im von militärischen Geländen geprägten Stadtteil Kasımpaşa, lohnt der Ausstieg nicht. Auf dem Weg zum Südufer erblickt man das wehrhaft über Fener thronende griechische Jungengymnasium aus rotem Backstein. Außerdem fällt der riesige Bau der Kadir-Has-Universität, eine ehemalige Tabakfabrik, auf. Von Fener geht es mit Blick auf die markante Eisenplattenkirche St. Stephan der Bulgaren und unter der alten Galata-Brücke vorbei, die in den 1990er-Jahren in Teilen an diese Stelle des Goldenen Horns versetzt wurde, nach Hasköy auf der Nordseite. Dort lohnt für Musikfans oder alle, die nicht genug von osmanischen Palästen bekommen können, die Besichtigung des Aynalıkavak Kasrı. In dem hübschen Pavillon aus dem 18. Jahrhundert werden seit 2010 traditionelle türkische Musikinstrumente und Partituren präsentiert. Hasköy ist aber auch der Anleger für das beliebte Industriemuseum Rahmi M. Koç, dessen Außenanlage von der Fähre sichtbar ist. Gen Süden fährt das Schiff dann nach Ayvansaray mit dem nördlichen Ende der Theodosianischen Landmauer. Auf dem Weg nach Eyüp, von dessen Hügel man übrigens den schönsten Blick auf das Goldene Horn hat, passiert man schließlich das Feshane, das im Jahr 1851 als Textilfabrik eröffnet wurde, und ein modernes Kongresszentrum.

INFO: www.sehirhatlari.com.tr

25 Galata-Brücke

Verbindung zwischen den Welten

Täglich überqueren unzählige Menschen, Autos und Straßenbahnen die Galata-Brücke über dem Goldenen Horn. Sie ist beliebter Treffpunkt der Angler, Flaniermeile und Gastronomie-Dschungel und bietet die beste Möglichkeit, das Ausmaß Istanbuls zu erahnen.

Es gibt kaum einen besseren Ort, um nachzuvollziehen, wie Istanbul aufgebaut ist. Schaut man Richtung Bosporus, blickt man auf Asien. Im Rücken hat man das Goldene Horn, im Westen und Osten befinden sich die europäischen Teile Istanbuls. Die seit 170 Jahren mehrmals neu errichtete Brücke über dem Goldenen Horn verbindet den historischen Teil Istanbuls mit den modernen Stadtvierteln. Die 484 Meter lange zweistöckige Brücke ist fast wie ein Stadtteil für sich. Während oben die Straßenbahnen verkehren und Autos im Stau stecken bleiben, vertreiben sich unzählige Angler die Zeit an der Brüstung. Auf der unteren Ebene buhlen die Kellner der Cafés und Restaurants um die Gunst der Passanten.

Die Geschichte der Galata-Brücke

Eine erste Skizze für eine Brücke soll schon Leonardo da Vinci zu Beginn des 16. Jahrhunderts angefertigt haben. Warum Sultan Beyazıt II. diese Pläne nicht annahm und lieber den florentinischen Baumeister Michelangelo Buonarroti zu engagieren versuchte, bleibt bis heute ein Rätsel. Michelangelo, soviel weiß man, wies den Auftrag wegen religiöser Vorbehalte ab. Erst 350 Jahre später wurde das Gebiet nördlich des Bosporus wieder für Sultan Abdülmecid I. interessant, sodass er außer seinem neuen Dolmabahçe-Palast im Jahr 1845 auch die erste Ponton-Holzbrücke erbauen ließ. Die anwachsende Bevölkerung in den nördlichen Vierteln hatte mehr Verkehr zur Folge. So musste 1863 eine neue Brücke her, die diesem standhielt, bis auch diese nur zwölf Jahre später durch eine dritte Brücke aus Stahl ersetzt wurde. Die liebste Brücke der Istanbuler war jedoch erst die vierte, 42 Meter breite Ponton-Brücke von 1912. Die neue Brücke hatte getrennte Fahrbahnen, wurde zum zeitgemäßen Aushängeschild der Stadt und war Treffpunkt von Besuchern, Künstlern und Scharlatanen. Ersetzt wurde diese – erneut wegen ansteigendem Verkehr – letztmalig 1992 durch eine Klappbrücke unter Beteiligung der Firma Thyssen.

Die Galata-Brücke ist im oberen Bereich Treffpunkt für Angler und Spaziergänger und unten beliebte Fress- und Ausgehmeile (oben). Nur selten öffnet sich die Brücke, um größere Fähren ins Goldene Horn fahren zu lassen (links).

Das Koç-Museum stellt alte Flugzeuge und zahlreiche Oldtimer zur Schau (oben und unten). Im Miniatürk erhält man eine umfassende Übersicht der wichtigsten Sehenswürdigkeiten der Türkei im Kleinformat (rechte Seite unten).

26 Museen am Goldenen Horn

Ausstellungen für Groß und Klein

Zahlreiche Werften und Fabriken am Nordufer des Goldenen Horns wurden in den letzten Jahren in interessante Sehenswürdigkeiten verwandelt: Stundenlang können dort Technikbegeisterte beispielsweise im Industriemuseum Rahmi M. Koç umherstreifen. Und Modelle der bedeutendsten Bauwerke Istanbuls und der Türkei begeistern die ganze Familie im Miniatürk.

Nachdem das verschmutzte Goldene Horn in den 1980er-Jahren gereinigt wurde, siedelte man auch viele industrielle Betriebe von seinen Ufern um, sodass die leer stehenden Fabrikhallen und Werften neue Funktionen bekamen. Das einst heruntergekommene Hafenviertel macht sich so in den letzten Jahren durch moderne und interessante Museen einen Namen.

Das Museum des Industriellen

Wer das Industriemuseum in Kasımpaşa mit der Fähre ansteuert, hat schon vom Wasser aus einen schönen Blick auf den Außenbereich der historischen Werft von 1861, in der das Museum des Industriellen Rahmi M. Koç untergebracht ist. Dieser ließ das Gelände, die Werft und ein Ankerhaus (Lengerhane) aus dem 19. bzw. 18. Jahrhundert restaurieren und zum Museum umwandeln. Die Sammlung, die auch viele Stücke aus dem Ausland umfasst, erzählt von Industrie, Kommunikation und Transport. Der besondere Stolz des Museums ist ein U-Boot auf dem Außengelände. Das über 93 Meter lange, 2400 Tonnen schwere amerikanische U-Boot stand im Zweiten Weltkrieg im Dienst der US-Marine und diente der türkischen Marine von 1971 bis 2001. Für Kinder ist auf dem Außengelände auch eine kurze Fahrt mit der von einer Dampflok betriebenen Hasköy Sütlüce Railway interessant. Dort stehen außerdem sehenswerte Dampfmaschinen, alte Eisenbahnwaggons, eine Pferde-Tram aus dem 19. Jahrhundert, Schiffe und Flugzeuge.

Der Hauptbau des Museums ist das Tersane, ein aus 14 miteinander verbundenen Gebäuden bestehender Werftkomplex. Die Sammlungen im Erdgeschoss drehen sich um die Themen Unterwasser, Landwirtschaft, Dampf- und Diesel Motoren, Seefahrt und Eisenbahn. Der große historische Fuhrpark umfasst Interessantes wie den Albion-Röntgen-Krankenwagen von 1917, ein im Ersten Weltkrieg üblicher Fahrzeugtyp, und einen Malden-Dampfwagen aus dem Jahr 1898, ein kutschenähnliches Fahrzeug aus den USA. Aus der Zeit nach dem Zweiten Weltkrieg stammt auch ein deutsches Auto: Das schwimmfähige Amphicar ist ein 1957/58 hergestelltes

Viersitzer-Cabrio, das sowohl auf der Straße als auch im Wasser über die Vorderränder gelenkt wurde. Im Obergeschoss findet man eine Galerie, in der Auszeichnungen des Museumsgründers gezeigt werden. Außerdem werden dort Computer, Motorräder und Fahrräder, Ochsen- und Pferdekarren sowie kleinere Boote präsentiert.

Im Lengerhane auf der anderen Straßenseite geht es um Technik und Kommunikation. Gezeigt werden dort seltene wissenschaftliche Instrumente aus den Bereichen Astronomie und Navigation, die von der Bosporus-Universität stammen. Die Telegrafie-Ausstellung zeigt unter anderem ein Modell von 1876 aus dem Patentamt in den USA. Aus unterschiedlichen Transportmitteln stammen Dampfmaschinen und Motoren. Interessant ist auch eine große Sammlung technischen Spielzeugs, Modellen von Autos, Lokomotiven, Flugzeugen und Schiffen, dazu Flugzeugteile, eine Schiffsbrücke und eine Druckmaschinensammlung.

Die berühmtesten Bauwerke der Türkei

Unweit des Industriemuseums ist ein weiteres Museum besonders für Familien mit Kindern interessant. Auf dem rund 60 000 Quadratmeter großen Areal des Miniatürk findet man nämlich 120 Modelle monumentaler Bauten aus Istanbul, Anatolien und anderen Herrschaftsgebieten des Osmanischen Reichs. Die in 13 verschiedenen Werkstätten gebauten Modelle mit einem Maßstab von 1:25 sind ideal, um kleinen Kindern die echten Bauwerke wie den Topkapı-Palast, die Hagia Sophia und den Galata-Turm sowie weitere spannende Bauten näher zu erklären. Spannend für die Kids ist auch eine 43 Meter lange Bosporus-Brücke, über die man laufen kann.

EIN ALTES ELEKTRIZITÄTSWERK

Auf dem weitläufigen Gelände der privaten Bilgi-Universität, das sich am nordwestlichen Ende des Goldenen Horns erstreckt, fanden anlässlich der Ernennung Istanbuls zur Kulturhauptstadt Europas im Jahr 2010 zahlreiche Umbauten statt. Besonders sehenswert ist auf dem Areal das erste Elektrizitätswerk des Osmanischen Reichs, Silahtarağa. In dem alten, 1914 eröffneten Elektrizitätswerk, das die Stadt rund 70 Jahre lang mit Strom versorgte, wurden im Jahr 2007 unter dem Namen Santralistanbul zwei interessante Museen eingerichtet: das Energiemuseum und ein für die Istanbuler Kunstszene wichtiges Museum, das zeitgenössische Kunst präsentiert. Während im Energiemuseum die alten Generatoren und der Kontrollraum des Werkes sowie der für Kinder eingerichtete experimentelle Bereich zur Energieerzeugung für jede Altersgruppe etwas bieten, können sich wohl vor allem Erwachsene im Kunstmuseum auf ein breites Ausstellungsspektrum aus den Bereichen Fotografie, Video, Design und bildende Künste freuen.

WEITERE INFORMATIONEN

Miniatürk: www.miniaturk.com.tr
Rahmi M. Koç Museum: www.rmk-museum.org.tr
Santralistanbul: www.santralistanbul.org

27 Karaköy

Vom Hafenviertel zum Szenetreff

Rotlicht-Etablissements und obskure Händler haben dem Hafenviertel Karaköy im 20. Jahrhundert einen schlechten Ruf eingebracht. Mittlerweile hat sich das Viertel, das sich zwischen Bosporus und Goldenem Horn erstreckt, aber zum Treff der Istanbuler Kunstszene entwickelt. Moderne Cafés, Boutiquen und Galerien laden zwischen alten Bauten und altertümlichen Werkstätten zum Bummeln ein.

Istanbuls einst wichtigster Handelshafen wird aufgrund der vom Ruß geschwärzten Fassaden »Schwarzes Dorf«, Karaköy genannt. Zwischen uralten Häusern, die teilweise noch auf die Genuesen zurückgehen, erheben sich markante Bankgebäude. In Karaköy sollte man nicht nur die Hafenpromenade mit netten Cafés und Restaurants aufsuchen, sondern auch die Gassen und Straßen dahinter bis nach Galata. In den von markanten alten Hausfassaden geprägten Straßen schwirren junge Leute, Anzugträger, alteingesessene Einheimische und fliegende Händler umher. In den alten restaurierten Gemäuern haben sich neben Werkstätten, Lädchen mit Kleinelektronik und Büros auch Galerien und Geschäfte lokaler Designer niedergelassen.

Die Hafenpromenade

An der geschäftigen Promenade, der Rıhtım Caddesi, die östlich der Banken am Fähranleger beginnt, tummeln sich nicht nur Menschen, die zwischen Europa und Asien hin- und herpendeln. Zwischen unzähligen Anglern bieten einige Streetfood-Verkäufer ihre Ware an: Kastanien, eingelegtes Gemüse, gegrillte *köfte* und natürlich die typischen Sesamkringel *simit*. Über die Kemankeş Caddesi hinter der Promenade erreicht man die Yeraltı Camii. Diese Moschee, die einzige unterirdische der Stadt, wurde 1757 unterhalb eines Turms untergebracht, an dem die massive Eisenkette verankert war, die das Goldene Horn schützte. Die Yeraltı-Moschee hebt sich einzig durch ihre Lage von den restlichen Moscheen ab. Das niedrige Gewölbe stützt sich auf 54 massive Pfeiler, wodurch Gläubige etwas individuelle Privatsphäre erhalten.

Läden und Kunst

An der Kemankeş Caddesi, die parallel zur Promenade nach Nordosten führt, stehen alte Prachtbauten, die mit ornamentalen Verzierungen geschmückt sind. In den Gebäuden hatten früher Reedereien und Handelsfirmen ihren Sitz. Sowohl dort als auch in den abzweigenden Gassen findet man zwischen verfallenen Bauten neue, kreativ eingerichtete Cafés, interessante Geschäfte und sehenswerte Galerien. Die Nähe zum Kunstmuseum Istanbul Modern und die neu ansässigen

Die Uferpromenade von Karaköy ist bei Anglern beliebt (oben). In den Szene-Cafés hinter der Promenade findet jeder das passende, gestylte Café – auch zum Wasserpfeife-Rauchen (unten). An der Promenade genießt man *çay* mit Meerblick (rechte Seite unten).

Galerien lassen Karaköy zum aufstrebenden Szeneviertel werden. Breit ist das Spektrum der modernen Kunst in der Galerie artSümer, wo junge türkische Künstler ihre Werke aus den Bereichen Fotografie, Video, Skulptur und Malerei vorstellen. Die 2009 gegründete Galerie Istanbul'74 zeigt Werke von türkischen und internationalen Künstlern und organisiert Workshops und Festivals.

Ein Bauwerk Sinans am Bosporus

Der Spaziergang durch Karaköy bis zum nordöstlichen Ende der Mumhane Caddesi lohnt für historisch Interessierte: Hier steht die 1580 vom berühmten Architekten Mimar Sinan errichtete Kılıç-Ali-Paşa-Moschee mit dem anliegenden Stiftungskomplex. Der Komplex umfasst eine Koranschule, ein hübsch restauriertes Hamam, die oktogonale Türbe, in der Kılıç Ali Paşa begraben wurde, und einen schönen Brunnen aus Marmor. Als Vorbild für die Moschee diente Sinan die Hagia Sophia. Die Moschee erhielt Seitenschiffe, die durch Säulenarkaden vom Hauptraum abgetrennt sind, und Emporen. Der Stifter Ali Paşa wurde als Giovanni Dionigi Galeni in Süditalien geboren und diente später als Kriegsgefangener der osmanischen Marine. Er stieg auf und wurde recht schnell zum Kapitän einer Galeere. Dank seiner erfolgreichen Rückführung der 87 Schiffe von der Seeschlacht bei Lepanto, von der er mit dem Banner der Malteser zurückkehrte, wurde er von Sultan Selim II. im Jahr 1571 zum Großadmiral ernannt.

EINFACH NUR SÜSS

Seit 1949 bekommt man die köstlichen Süßspeisen der Familie Güllüoğlu aus Gaziantep auch in Istanbul. In ihrer Heimatstadt hat die Familie schon im 19. Jahrhundert die Geheimnisse des perfekten *baklava* erforscht. 1820 eröffnete sie dort die erste Konditorei. In der traditionsreichen und über die Landesgrenzen hinaus bekannten Konditorei »Karaköy Güllüoğlu«, in der Naschkatzen mittlerweile auch in Istanbul voll auf ihre Kosten kommen, werden über ein Dutzend Varianten der süßen Köstlichkeiten aus Blätterteig kreiert. Das Gebäck, das in Zuckersirup getränkt wird, ist hier mit jeglichen Füllungen erhältlich – Pistazien, Walnüssen, Mandeln, Creme, Schokolade und vieles mehr. Doch bei Güllüoğlu gibt es auch den leckeren Grießkuchen *revani* und die mit Pistazien und Creme gefüllten dreieckigen Blätterteigtaschen *şöbiyet*. Herzhaft und lecker sind die mit Spinat, Schafskäse oder Hackfleisch gefüllten Blätterteigspezialitäten.

WEITERE INFORMATIONEN

Karaköy Güllüoğlu:
www.karakoygulluoglu.com
Kunstgalerien: www.artsumer.com,
www.istanbul74.com

In romantischem Licht erstrahlt der Galata-Turm gegen Abend – im Hintergrund die Hagia Sophia (oben). Gemütlich entspannen sich die Gäste im Teegarten von »Molly's Café« (unten). Ein Schmuckstück des Jugendstils ist die Camondo-Stiege aus dem 19. Jahrhundert (rechte Seite unten).

28 Galata-Viertel

Eine ehemalige genuesische Kolonie

Die steilen und engen Gassen des Galata-Quartiers führen vom Ufer des Goldenen Horns bei Karaköy hinauf nach Beyoğlu. Darunter fährt die zweitälteste U-Bahn der Welt. Bekanntestes Überbleibsel der einst ummauerten Handelskolonie der Genuesen ist der sich zwischen eindrucksvollen neoklassizistischen Bauten und Jugendstilgebäuden erhebende und weithin sichtbare Galata-Turm.

Reger Handelsverkehr der italienischen Stadtstaaten mit den östlichen Mittelmeerländern erforderte im 10. Jahrhundert Niederlassungen in Konstantinopel. Als Venedig sich im 13. Jahrhundert mit den Rittern des Vierten Kreuzzugs verbündete, eroberten sie für kurze Zeit die Hauptstadt des Byzantinischen Reichs. Mithilfe des venezianischen Erzfeindes, den Genuesen, konnte Kaiser Michael VIII. Palaiologos (1223–1282) im Jahr 1261 die Stadt zurückerobern. Für die Unterstützung sicherte der Kaiser ihnen eine Handelskolonie zu, die jenseits des Goldenen Horns errichtet und durch eine massive Befestigungsanlage gesichert wurde.

Die osmanische Bankenstraße

Nach der Eroberung 1453 mussten die Genuesen ihre Mauern abreißen, und viele Händler aus Persien, Ägypten, Syrien und Europa siedelten sich im wirtschaftlich bedeutsamen Viertel an. Ende des 19. Jahrhunderts schließlich ließen sich hier zahlreiche Banken nieder, und die hiesige Bankalar Caddesi wurde zum Finanz- und Geschäftszentrum Istanbuls. Außer Finanzdienstleistern, Versicherungskonzernen und der Osmanischen Zentralbank hatte auch die Osmanische Börse hier ihren Sitz. In der 1892 vom Franzosen Alexandre Vallaury im neoklassizistischen und orientalischen Stil errichteten Zentralbank wurden ein Bankmuseum und die Galerie Salt Galata eingerichtet, die durch das Zusammenspiel von Geschichte und moderner Kunst den Trend der Stadt verdeutlicht.

Auf- und Abstieg in Galata

Vor dem Bau der U-Bahn waren in Galata viele Treppen zu überwinden. Eine der schönsten befindet sich schräg gegenüber der Galerie. Die jüdische Bankiersfamilie Camondo stiftete das Schmuckstück, eine sich eigentümlich windende Jugendstiltreppe, die mal enger und mal weiter wird und aufgrund der Form auch »Liebestreppe« genannt wird. Oben angekommen, kann man in der Felek Sokak den Schneidertempel, eine zum Kunstzentrum umfunktionierte Synagoge, sowie das erste jüdische Museum der Türkei in der alten Zülfaris-Synagoge besichtigen.

Seit 1875 verbindet die unterirdisch verlaufende Tünel-Bahn Karaköy mit der İstiklal Caddesi auf dem Hügel. Der französische Ingenieur Eugene Henri Gavand suchte 1867 nach einer Lösung, um gut 600 Meter zwischen dem Ufer des Goldenen Horns und dem alten Pera mühelos zu überwinden. 1869 durfte Gavand einen Tunnel bauen, in der die erste Standseilbahn Europas, die zweitälteste U-Bahn der Welt, fahren sollte. Die Bahn, die mit einer Dampfmaschine betrieben wurde, wurde 1971 elektrifiziert. Seit der letzten Restaurierung im Jahr 2007 überwindet die Tünel-Bahn in nur 90 Sekunden die 200 Meter Höhenunterschied.

Das Wahrzeichen Galatas

Die wichtigste Sehenswürdigkeit des Viertels ist ohne Zweifel der Galata-Turm, vor dem sich wegen des einzigartigen Panoramablicks täglich lange Besucherschlangen bilden. Der im Jahr 1348 erbaute, 61 Meter hohe Galata Kulesi ragt etwa auf halber Höhe des Hanges zwischen den Häusern empor und ist der einzig erhaltene Teil der alten Befestigungsmauer. Die Osmanen nutzten den Turm als Gefängnis, Observatorium und schließlich als Feuerwachturm für das von Bränden gefährdete Viertel. Eine Geschichte, die den Turm seit dem 17. Jahrhundert prägt, ist der Gleitflug des Erfinders Ahmet Çelebi vom Galata-Turm aus. Er flog über den Bosporus nach Üsküdar und wurde trotz – oder eher wegen – seines Erfolges von Sultan Murad IV. verbannt, denn der hielt seinen Flug für Hexerei. Die einen Meter schmale Aussichtsplattform verläuft rund um das Restaurant, in dem täglich Bauchtanz-Shows aufgeführt werden.

BESUCH IM DERWISCH-KLOSTER

Vom Galata-Turm führt die von einigen erkundenswerten Antiquariaten und Musikhandlungen gesäumte Galip Dede Caddesi zum Tünel Meydanı. Rechter Hand trifft man kurz vor dem Platz auf das moderne, 2009 eröffnete Galata Mevlevihanesi Müzesi mit schönem Hof in einem 1491 gegründeten Derwisch-Kloster. Mithilfe osmanischer Hofliteratur, Instrumenten und Kunsthandwerk, Trachten und Turbanen, Einrichtungsgegenständen und vielem mehr wird in dem Gebäude aus dem 18. Jahrhundert die Lebensart der Derwische und der Sufismus erklärt. Durch mystische Trancetänze versuchten die islamischen Bettelmönche, Gott näherzukommen. Seit 1925 ist der Mevlevi-Orden in der Türkei verboten, sodass der am Sonntagnachmittag hier aufgeführte *sema*, der ekstatische Tanz, nur noch der Touristenunterhaltung dient.

WEITERE INFORMATIONEN

Galata Mevlevihanesi Müzesi: www.galatamevlevihanesimuzesi.gov.tr
Galata-Turm: www.galatatower.net
Salt Galata: www.saltonline.org
Schneidertempel: www.schneidertempel.com

Die Asmalımescit Caddesi mit ihren bekannten Tavernen entwickelt sich abends zum Szenetreff (oben). Für Kultur und Kunst sorgt das Pera-Museum (unten). Die Bars auf den Dachterrassen bieten abends den romantischsten Ausblick (rechte Seite unten).

29 Historisches Pera

Mondänes Europäerviertel

Seit über hundert Jahren setzt sich im Viertel Tepebaşı, das von Einheimischen noch immer bei seinem alten Namen Pera genannt wird, eine Tradition fort, die auf die Belle Époque zurückgeht. Ende des 19. Jahrhunderts eröffnete dort mit dem »Pera Palace« das erste Luxushotel Istanbuls, in dem heute auch Nicht-Hotelgäste etwas Eleganz schnuppern können. Und Kunstfans zieht es ins Pera-Museum.

Die neueren, europäisch geprägten Siedlungen auf der Nordseite des Goldenen Horns wurden früher einfach *pera*, aus dem Griechischen für »drüben«, genannt. Diese Bezeichnung hält, zumindest im Volksmund, auch nach der offiziellen Umbenennung des Stadtgebiets durch die Türken in Beyoğlu an. Pera war ein neues Stadtgebiet und nicht zuletzt durch die Ansiedlung vieler vermögender Griechen, Franzosen und Italiener modern und sehr europäisch geprägt. In den luxuriösen Hotels an der Meşrutiyet Caddesi genießt man bei einer Übernachtung das Flair und die Eleganz des 20. Jahrhunderts kombiniert mit modernem Lebensstil. Wer nicht dort nächtigt, kann diese Atmosphäre aber auch in den Bars oder Restaurants der Hotels sowie in einigen gehobenen Lokalen drum herum erleben.

Die erste Luxusbleibe der Stadt

Die Betreibergesellschaft des Luxuszugs »Orient Express« eröffnete 1895 für ihre berühmten und vermögenden Gäste das opulente Hotel »Pera Palace«. Das Hotel sollte – wie auch die Stadt – den Schmelztiegel zwischen Okzident und Orient repräsentieren. Gebaut wurde es von dem französischen Architekten Alexandre Vallaury, der auch schon andere Istanbuler Bauten wie das Hauptgebäude des Archäologischen Museums im selben Stil geplant hatte. Das Hotel, das als erstes öffentliches Gebäude fließend heißes Wasser und Elektrizität hatte, wurde im Jugendstil mit orientalischen Stilelementen erbaut. Als erstes Gebäude bekam es außerdem einen elektrischen Aufzug aus Holz und Gusseisen, den man heute noch bewundern kann. Im »Pera Palace« haben schon Staatsoberhäupter und Monarchen sowie Prominenz wie Greta Garbo, Alfred Hitchcock und Agatha Christie genächtigt, die in Suite 411 einen Teil ihres Romans *Mord im Orient Express* schrieb. Das zwischen 2008 und 2010 umfassend restaurierte Traditionshaus bietet heute wie damals eine stilvolle Übernachtungsmöglichkeit. Die hauseigene »Orient Bar«, in der Hitchcock einst viele Stunden verbracht hat, ist eine interessante Location zum Cocktailtrinken, und der von hohen Kuppeln und prächtigen Kronleuchtern geprägte

»Kubbeli Saloon« bietet täglich traditionellen Nachmittagstee.

Kunst des Osmanischen Reichs

Kunstliebhaber sollten in der Meşrutiyet Caddesi unbedingt das interessante Pera-Museum besuchen. 2005 hat das Kunstmuseum in einem markanten mehrstöckigen Gründerzeithaus aus dem Jahr 1893 eröffnet, in dem einst das vornehme »Bristol-Hotel« untergebracht war. Das Museum bietet ein elegantes Café und eine ständige Sammlung sehenswerter und kostbarer Gemälde türkischer und europäischer Künstler. Die Werke, die aus dem 17. bis ins 19. Jahrhundert stammen, zeigen das Leben im Osmanischen Reich, Stadtansichten Istanbuls und Porträts einzelner Mitglieder aus den Sultansfamilien. Highlight der Ausstellung ist das Gemälde von Osman Hamdi Bey (1842–1910) mit dem Namen »Der Schildkrötendresseur« von 1906, das das Museum für 3,5 Millionen Dollar ersteigerte. Außerdem sind interessante Fotografien, die Istanbul im 19. und 20. Jahrhundert zeigen, umfangreiche Sammlungen jahrhundertealter anatolischer Gewichte und Messgeräte, die bis in die prähistorische Zeit datiert werden können, sowie seltene Keramikobjekte und Fliesen aus Kütahaya ausgestellt. In den obersten Etagen finden immer wieder interessante Wechselausstellungen statt, die oft auch Bereiche aus der zeitgenössischen Kunst abdecken.

EIN KULINARISCHES HIGHLIGHT

Istanbuls Gastronomie-Szene verspricht eine riesige Auswahl. In den letzten Jahrzehnten haben sich zahlreiche Edelrestaurants der Stadt auch außerhalb der Landesgrenzen einen Namen gemacht. Eines der besten Restaurants befindet sich gegenüber dem »Pera Palace« im modernen Hotel »The Marmara Pera«. Das Viersternehotel in einem zeitgemäßen Hochhaus begeistert vor allem mit seinen atemberaubenden Ausblicken von den oberen Etagen. Im zehnten und elften Stock hat der finnisch-türkische Starkoch Mehmet Gürs 2005 das vorzügliche Gourmetrestaurant »Mikla« eröffnet. Den Namen erhielt das Restaurant nach der Bezeichnung der Wikinger für Konstantinopel: Miklagraad, »die große Stadt«. Der in Stockholm und Istanbul aufgewachsene Gürs kreiert in seinem Restaurant exquisite Haute Cuisine. Für die Gerichte aus der anatolischen Küche nutzt er nur die besten Zutaten, für die perfekte Präsentation modernes, puristisches Design.

WEITERE INFORMATIONEN

Mikla: www.miklarestaurant.com
Pera-Museum: www.peramuzesi.org.tr
Pera Palace Hotel: www.jumeirah.com

Atemberaubende Ausblicke auf den Galata-Turm und die Altstadt-Halbinsel mit dem Topkapı-Palast, der Hagia Sophia und der Blauen Moschee hat man von Beyoğlus Dachterrassen.

30 İstiklal Caddesi

Prachtstraße bei Tag und Nacht

Kaum ein anderer Ort der Stadt zeigt so gut, dass Istanbul nie schläft, wie die Haupteinkaufsstraße des Stadtteils Beyoğlu. Die ausschließlich von einer nostalgischen Tram befahrene İstiklal Caddesi wird nicht nur von Menschenmassen und Läden geprägt, sondern auch von Prachtbauten, beliebten Restaurants, alten Patisserien sowie trendigen Bars und Clubs.

Straßenmusiker sorgen auf der İstiklal Caddesi für Stimmung (oben). Süße Verlockungen bieten Zuckerbäcker und Konditoreien (unten). Die »Blumenpassage« ist ein Touristenmagnet (rechts oben), Einheimische lieben die Nevizade Sokak (rechts unten).

Vereinzelt wurde die Nordseite des Goldenen Horns bereits im 5. Jahrhundert besiedelt, als die Byzantiner die gesamte Gegend einfach »Pera«, griechisch für »drüben«, nannten. Erst die im 13. Jahrhundert gegründete Kolonie der Genuesen, die sich vom Ufer des Goldenen Horns hangaufwärts erstreckte, führte dazu, dass die Bezeichnung Pera hauptsächlich auf die Siedlungsgebiete oberhalb der Galata-Mauern, das heutige Beyoğlu, angewandt wurde. Beyoğlu, der türkische Name des Viertels, geht entweder auf den Sohn eines byzantinischen Kaisers oder eines venezianischen Botschafters zurück und bedeutet soviel wie »Sohn des Herren«. Mit der osmanischen Eroberung wurde Pera zum westlich geprägten Teil der Stadt. Aufgrund der guten Wasserversorgung und der Nähe zum Hafengebiet am Goldenen Horn ließen sich hier hauptsächlich Byzantiner, Venezianer, europäische Händler und Diplomaten nieder. Die Gegend entfaltete sich rasch zu einer kosmopolitischen Siedlung im europäischen Stil mit vielen ausländischen Botschaften, Passagen, Krankenhäusern, Schulen, Amtsgebäuden und Kirchen.

Die Straße im 20. Jahrhundert

Ende des 19. Jahrhunderts, als die Befestigungsmauer rund um den Galata-Turm abgerissen wurde, konnte man die oberhalb liegenden Viertel an die Infrastruktur der Stadt anschließen. Außerdem hatte ein Großbrand im Jahr 1870 zur Errichtung vieler neuer, prachtvoller Bauten geführt, die bis heute entweder den üblichen Historismus oder den Jugendstil der damaligen Zeit repräsentieren. An Europa orientierte sich auch die heute İstiklal Caddesi (Unabhängigkeitsstraße) genannte Straße, die im 19. Jahrhundert »Grand rue de Péra« genannt wurde. Die eineinhalb Kilometer lange Hauptgeschäftsstraße entwickelte sich zur beliebten Flaniermeile und zum Zentrum des europäischen Istanbuls.

Die Prachtstraße säumten in der Gründerzeit nicht nur zahlreiche Botschaften, sondern auch schöne Einkaufspassagen. Die an der Wende zum 20. Jahrhundert im Jugendstil errichteten Passagen verleihen der İstiklal Caddesi bis heute einen unverwechselbaren Charakter. Bei einem Bummel staunt man über kunstvolle Ornamente und dekorative Skulpturen, die viele Fronten zieren. In den Patisserien,

nci Bahar Restoran
AIR CONDITIONER

LAMBO

Menschenmassen zwingen die nostalgische Tram oft zu kurzen Pausen (oben). Der Taksim-Platz, der nicht nur von Blumen- und Fast-Food-Läden gesäumt wird, ist die Hauptschlagader Istanbuls (Mitte, unten und rechts oben).

die zum Teil noch bestehen, trafen sich die Damen der wohlhabenden Gesellschaft zum Tee. Boutiquen, Antiquariate, Galerien und Buchhandlungen laden zum Stöbern ein.

Bekanntester Platz Istanbuls

Die vom Taksim- über den Galatasaray- zum Tünel-Platz verlaufende Straße wurde in den 1990er-Jahren zur Fußgängerzone gemacht und ist seitdem eine beliebte Flaniermeile. Die İstiklal Caddesi ist mit ihren bis in den späten Abend geöffneten Geschäften nicht nur eine beliebte Einkaufsstraße, jeden Abend wird sie zu einer hippen Szenemeile des Istanbuler Nachtlebens. Bis in den späten Abend pendeln auch zwei restaurierte Wagen der einst von Pferden angetriebenen Tram von Platz zu Platz. Die nostalgische Tram ist eine attraktive Möglichkeit, sich einen ersten Überblick über die İstiklal Caddesi zu verschaffen, auch wenn man am Abend zu Fuß schneller unterwegs ist.

Der dicht befahrene Taksim Meydanı, von dem mehrere große Straßen in jegliche Himmelsrichtung ausgehen, ist ein Verkehrsknotenpunkt von Beyoğlu und größter Platz der Stadt. Der Taksim ist außerdem Haltestelle der Fernbusse, zentraler Bahnhof der Metro und Start- bzw. Endpunkt der nostalgischen Tram. In den 1930er-Jahren wurde an der höchsten Stelle von Beyoğlu der Taksim angelegt – als Symbol der modernen Türkei.

Hier fanden in der Vergangenheit viele Kundgebungen und Demonstrationen statt, bis eine Gewerkschaftskundgebung am 1. Mai 1977 ein dramatisches Ende nahm und Dutzende Todesopfer forderte. Erst seit 2012 darf der Taksim offiziell wieder für Veranstaltungen am 1. Mai genutzt werden.

Benannt ist der Platz nach einem Wasserverteiler *(taksim)*, in den in osmanischer Zeit Wasser aus dem Belgrader Wald geleitet wurde, um die Versorgung der Gegend sicherzustellen.

Mitten auf dem Platz erinnert das 1928 vom italienischen Bildhauer Pietro Canonica geschaffene Denkmal der Republik (Cumhuriyet Anıtı) an das Jahr 1923, als die Republik Türkei gegründet wurde. Das elf Meter hohe Monument aus Stein und Bronze zeigt den Gründer Kemal Atatürk mit seinen Weggefährten, dem ersten Ministerpräsidenten der Türkei, Ismet Inönü, und dem Feldmarschall Fevzi Çakmak durch einen Bogen schreitend. In der nach Norden abgehenden Inönü Caddesi ist in einem markanten, klassizistischen Gebäude das Deutsche Generalkonsulat untergebracht. Gen Süden kommt man an zahlreichen, kleinen Fast-Food-Lokalen und den ersten Modeboutiquen vorbei auf die İstiklal, von der nach wenigen Metern links die Meşelik Sokak abzweigt, an der die griechisch-orthodoxe Kirche Aya Triada (Dreifaltigkeitskirche) steht. Die Kirche von 1880 ist eine der größten griechisch-orthodoxen Kirchen Istanbuls und hat zwei auffällige Glockentürme, eine Fassade im neugotischen Stil, neobarocke Stilelemente und kostbare Ikonen und Fresken.

Ein Einkaufsparadies

Ladenlokale sind natürlich das Aushängeschild der İstiklal. Filialen großer Ketten und kleine individuelle Läden laden zum Shopping ein. Restaurierte, aber auch heruntergekommene Fassaden im Stil von Klassizismus, Jugendstil, Neugotik oder Neorenaissance ziehen immer wieder den Blick auf sich. Die ältesten und markantesten Bauten sind die nach Pariser Vorbildern im 19. Jahrhundert erbauten Passagen wie die Cité Roumelie, eine neuklassizistische Passage von 1897. Der vom Hofmarschall Ragıp Paşa gestiftete Bau, dessen Name in lateinischer, arabischer und griechischer Schrift über dem Eingang steht, wurde einst als Bürogebäude genutzt. Äußerst auffällig ist nur wenige Meter weiter die riesige, im Jahr 2011 eröffnete Shoppingmall Demirö-

Die Glockentürme der Aya-Triada-Kirche überragen die Gebäude am Taksim-Platz (links). Die Kirche besitzt wertvolle Ikonen und Fresken (oben). Für Touristen wird die *Gözleme*-Herstellung präsentiert (Mitte). Beliebtes Streetfood: Maronen (unten).

Die Sent-Antuan-Kirche zeigt sich mit markanter Fassade und prunkvollem Inneren (oben und rechte Seite unten). Nur ein paar Schritte abseits der lebendigen İstiklal und der Szenemeilen wie der Asmalımescit Caddesi (unten) gibt es einfache Wohngegenden (Mitte und oben rechts).

ren. Daran schließt sich die heruntergekommene Emek Pasajı an, die seit Ende 2012 umfassend restauriert wird. Der historische, im Jahr 1884 errichtete Bau wurde einst Cercle d'Orient genannt und diente der türkischen und ausländischen Elite als Clubhaus. Außerdem war dort ab 1924 eines der ersten Kinos der Türkei untergebracht.

Die bekannteste aller Passagen – und nicht von Souvenirläden dominiert – ist die Çiçek Pasajı, die Blumenpassage. Der vom griechischen Bankier Christakis Zografos gestiftete Bau ersetzte in den 1870er-Jahren das 1844 eröffnete Naum-Theater. Die damals Cité de Péra genannte Passage wurde als Komplex mit luxuriösen Wohnungen, Boutiquen mit Pariser Mode und vornehmen Restaurants eröffnet. Nach der Russischen Revolution 1917 verkauften verarmte russische Frauen in der Passage Blumen, daher rührt der heutige Name. Nach einer umfassenden Restaurierung 1978 reiht sich heute in der Passage eine Gaststätte an die nächste. Besonders am Wochenende herrscht reges Treiben, für noch mehr Stimmung sorgen Straßenmusiker, die von Tisch zu Tisch ziehen. Der hintere Ausgang der L-förmigen Passage führt zum Fischmarkt (Balık Pazarı). Die sich anschließende Nevizade Sokak hat sich in den letzten Jahren zur beliebten Tavernengasse entwickelt.

Alte Botschaften und katholische Kirchen

Schräg gegenüber der Çiçek Pasajı erhebt sich am Galatasaray Meydanı das prächtige grün-goldene Eisentor des Galatasaray Lisesi. Das im 15. Jahrhundert von Sultan Beyazıt II. als Pagenschule ge-

gründete Gymnasium mit zugehörigem Hamam ist eine der berühmtesten Schulen der Türkei. 1868 richtete Sultan Abdülaziz (1830–1876) hier ein Lyzeum nach französischem Vorbild ein. Nach der Linkskurve, die die İstiklal an dieser Stelle macht, kann man links über hinabführende Stufen die 1912 erbaute Kirche Sent Antuan Kilisesi besichtigen. Die katholische Franziskanerkirche, in der noch Messen in verschiedenen Sprachen stattfinden, ist dem heiligen Antonius, einem Anhänger des heiligen Franziskus von Assisi, geweiht und die bekannteste katholische Kirche Istanbuls. Es folgen die auffälligen Prachtbauten verschiedener Konsulate von Frankreich, den Niederlanden, Russland und Schweden. Die Gebäude stammen größtenteils aus dem 19. Jahrhundert, die diplomatischen Vertretungen waren aber schon im 16. bzw. 17. Jahrhundert hier ansässig. In den Gassen dahinter wurde im 1695 erbauten Palazzo di Venezia das Konsulat Italiens eingerichtet. Links neben dem russischen Konsulat gelangt man über eine Treppe hinab zu einer weiteren römisch-katholischen Kirche, Santa Maria Draperis. Die 1584 errichtete dreischiffige Kir-

che, eine der ältesten römisch-katholischen Kirchen Istanbuls, präsentiert prächtige Malereien und einen wertvollen Altar.

Die İstiklal als Hotspot der Szene

Am unteren Ende der İstiklal Caddesi verlaufen in westlicher Richtung die verwinkelten Gassen des Viertels Asmalımescit, das sich in den letzten Jahren zum Treffpunkt der Istanbuler Szene gewandelt hat. Aus trendigen, in uralten Häusern untergebrachten Cafés, Bars und Clubs hört man die unterschiedlichsten Musikstile. An der Fressmeile Asmalımescit Caddesi trifft man sich in traditionellen Tavernen, sogenannten *meyhane*. Beliebtester Treff ist dort das »Yakup 2«, in dem sich Künstler und Journalisten bei *meze* und *rakı* austauschen.
Ein ganz besonderes Café findet man rechts des Galatasaray-Lyzeums in der Tosbaga Sokak. Im wunderschönen Café »Ara«, das der Regisseur Yasar Kartoğlu vor einigen Jahren eröffnete, trifft sich die Szene der Istanbuler Filmschaffenden. Der Regisseur benannte das Café nach dem Istanbuler Starfotografen Ara Güler, dessen große Schwarz-Weiß-Fotos vom Istanbul der 1960er-Jahre die Wände zieren. Mit seinen Motiven sind auch Servietten und Tischsets versehen. Unterhalb des Galatasaray-Lyzeums führt ein schöner Bummel zur interessanten Nachbarschaft Çukurcuma, die nicht nur bei Sammlern und Weltenbummlern wegen ihrer zahlreichen Antiquitätengeschäfte und der hübschen Läden mit Vintage-Mode beliebt ist, sondern auch aufgrund ihrer gemütlichen Cafés am Straßenrand der Faik Paşa Caddesi. Entspannen kann man sich auch in der nahen Fransız Sokağı, deren Häuser mithilfe des Französischen Kulturinstituts saniert wurden. Bistros und Brasserien verbreiten hier ein bisschen Pariser Flair.

HERRLICH SPEISEN AUF DEM DACH

Das gastronomische Angebot Beyoğlus ist wortwörtlich kaum zu fassen: Es gibt so viele Cafés, Bars, Clubs und Restaurants, dass man schnell den Überblick verliert – und das nicht nur als Tourist. Neben zahlreichen guten und alteingesessenen Adressen scheinen die Gastronomen der Stadt ständig neue, kreative Locations zu eröffnen und ihre Gäste mit Innovation zu überraschen. Das beliebteste Konzept in den letzten Jahren findet man auf den Dächern der Stadt. Dort kann man nicht nur Platz sparen, sondern den Gästen auch noch atemberaubende Panoramablicke bieten. Kombiniert wird meist Restaurant mit Bar und Club wie im bekannten »360istanbul«. Das angesagte Etablissement in einem stilvollen Penthouse mit deckenhohen Fenstern ist in einem Jugendstilbau an der İstiklal untergebracht und begeistert nicht nur mit stillvollem und modernem Ambiente, sondern auch mit köstlichen mediterranen und türkischen Gerichten, die kreativ verfeinert werden. Zum Essen unbedingt reservieren!

WEITERE INFORMATIONEN

360istanbul: www.360istanbul.com

Das Sakip-Sabancı-Museum (oben) und die Kaiserliche Porzellanmanufaktur (Mitte) locken Kulturfans an. Zum Frühstücken lädt das kleine »Van Kahvalti Evi« (unten) ein. Den tollsten Blick bietet der Wolkenkratzer Istanbul Sapphire (rechts).

Westliches Bosporusufer

Jede Tages- und Nachtzeit rückt die Bosporusbrücken in ein anderes Licht (oben). Auf der Bootstour entdeckt man nicht nur attraktive Häuser am Bosporus, sondern auch die unterschiedlichsten Wasserfahrzeuge (unten).

31 Bosporus-Bootstouren

Unterwegs zwischen Asien und Europa

Istanbul ist die einzige Stadt der Welt, die sich auf zwei Kontinente verteilt: Europa und Asien. Dazwischen verläuft eine 30 Kilometer lange Wasserstraße – der Bosporus. Bei einer Bootsfahrt zeigt sich die Magie der Metropole mit ihren Küstenvororten von einer anderen Seite.

Der Bosporus, die »Furt des Rindes«, erhielt seinen Namen nach einer Geschichte der griechischen Mythologie: Als Göttervater Zeus sich in Io, Tochter des Flussgottes Inachos, verliebte und sie entführte, entdeckte ihn seine Gemahlin Hera. Um Hera zu täuschen, verwandelte Zeus seine Geliebte Io in eine silberfarbene Kuh. Aber auch diese List konnte Hera entdecken. Sie sandte eine Rinderdassel, die Io in die Flucht trieb. Über das Ionische Meer und die Ägäis kam Io zum Durchgang zwischen Europa und Asien, durchschwamm sie und kam schließlich in Ägypten an, wo sie ihre menschliche Gestalt zurückbekam und unter dem Namen Hathor verehrt wurde.

Kleine und große Tour

Der Bosporus (Boğaziçi) verbindet nicht nur Europa mit Asien, sondern auch das Marmarameer mit dem Schwarzen Meer. Die bis zu 3500 Meter breite Meerenge wird von einer starken Gegenströmung geprägt. Diese und die Nord- bis Nordostwinde machen den Bosporus für unerfahrene Kapitäne zu einem Abenteuer. Ein Spaziergang am Anleger von Eminönü offenbart das riesige Angebot an Bosporus-Touren. Die günstigsten und sichersten Fahrten veranstaltet die städtische Fährgesellschaft (IDO/Şehir Hatları): eine kleine, zweistündige Kısa Boğaz Turu ohne Stopps, eine große, sechsstündige Uzun Boğaz Turu mit Aufenthalt in Anadolu Kavağı und eine letzte Tour am Abend, die Mehtap Gezi.

Von Eminönü fährt man nach Beşiktaş, vorbei am Dolmabahçe-Palast. Dann kreuzt die Fähre die 70 Meter hohe Bosporus-Brücke und hält an den schönsten Anlegestellen. Rechter Hand befindet sich die Sommerresidenz der Sultane, der Beylerbeyı-Palast. Auffällig erheben sich auf beiden Seiten die Zwillingsburgen Rumeli Hisarı und Anadolu Hisarı. Am Ufer thronen osmanische Villen, Herrenhäuser und Paläste aus unterschiedlichen Epochen, die einst Sultane, Großwesire und andere Würdenträger errichten ließen. Die stilvoll restaurierten Holzhäuser, die sogenannten *yalı*, gehören zu den teuersten und begehrtesten Wohndomizilen Istanbuls. Nach der zweiten Bosporus-Brücke faszinieren auf der asiatischen Seite schöne Wälder. Von der Burgruine Yoros in Anadolu Kavağı hat man zum Schluss einen tollen Blick auf das Schwarze Meer und auf den Bosporus.

INFO: www.sehirhatlari.com.tr

32 Istanbul Modern und Museum der Unschuld

Kunst und Literatur in passendem Rahmen

2004 eröffnete in einer Lagerhalle an der Pier nordöstlich von Karaköy das Museum Istanbul Modern, das sich auf zeitgenössische Kunst türkischer Künstler spezialisiert hat. Wie wichtig Kunst und Kultur in der Stadt sind, zeigt sich auch in den Galerien drum herum und im sehenswerten Museum der Unschuld.

Jung und aufstrebend ist die Kunstszene Istanbuls, die im Kunstmuseum Istanbul Modern perfekt in Szene gesetzt wird. Mit der Eröffnung des Museums am Bosporus ließen sich auch viele Galerien in der Gegend nieder. Die Nachbarschaften Tophane – in dem auch das interessante Literaturmuseum des Nobelpreisträgers Orhan Pamuk eröffnet hat – und Karaköy gelten seitdem als Mittelpunkt der Kunst- und Kulturszene.

Von der Kunst zur Literatur

Die Dauerausstellung des Istanbul Modern ist im oberen Stockwerk der Kunsthalle untergebracht. Die Werke links des Eingangs zeigen vorrangig zeitgenössische Kunst türkischer und internationaler Künstler aus einem umfassenden Spektrum von der Bildhauerei bis hin zu Videoinstallationen. Auf der anderen Seite werden Malereien türkischer Künstler aus den letzten 150 Jahren gezeigt. In der unteren Etage findet man interessante Wechselausstellungen mit Werken international bekannter Künstler sowie Arbeitsräume, eine Kunstbibliothek und ein kleines Kino. Wer nach dem Besuch des Istanbul Modern mehr Lust auf zeitgenössische Kunst bekommen hat, sollte einen Bummel in der landeinwärts verlaufenden Boğazkesen Caddesi unternehmen. Nicht nur Literaturfans zieht es nach der Erkundung der Istanbuler Kunstszene in die Çukurcuma Caddesi zum Museum der Unschuld (Masumiyet Müzesi) des renommierten türkischen Schriftstellers und Nobelpreisträgers Orhan Pamuk. Das Museum ist das erste der Welt, das einem Buch nachempfunden wurde. Es erzählt eine Liebesgeschichte: die vom reichen Fabrikantensohn Kemal, der sich in die arme Füsün verliebt. Um seiner großen Liebe nahe zu sein, sammelt Kemal alle Dinge, die er mit Füsün verbindet oder die er mit ihr verbinden kann. Über Jahre hinweg hat Orhan Pamuk über 4000 Teile wie Taschentücher, Haarspangen, Postkarten oder Teegläser gesammelt und sich von ihnen inspirieren lassen.

INFO: Istanbul Modern, www.istanbulmodern.org; Museum der Unschuld, www.masumiyetmuzesi.org

Die beiden gegensätzlichen Museen, das Istanbul Modern (oben) und das Museum der Unschuld (unten), bieten am westlichen Bosporusufer zweierlei Einblicke in die moderne Kunst- und Kulturszene.

Nachts wird der Dolmabahçe-Palast imponierend beleuchtet (oben). Außerhalb des Palastes erwecken die gleichnamige Moschee (unten) und die riesigen Palasttore das Interesse der Besucher (rechts).

33 Dolmabahçe-Palast

Prunkvolle Sultansresidenz am Bosporus

Der prächtige Palast, der sich seit dem 19. Jahrhundert am Bosporusufer erstreckt, wurde in einer Zeit erbaut, in der sich das Osmanische Reich durch entscheidende Reformen veränderte. In der markanten Residenz von Sultan Abdülmecid II. sind kostbare Kristalle, prächtiger Marmor und sehr viel Gold zu sehen. Der Palast vereint die europäischen Architekturstile mit orientalischer Lebensart.

Sultan Abdülmecid I. (1823–1861), der außer der traditionellen Erziehung auch Unterricht in Malerei, Musik und Französisch genoss, entwickelte in den ersten Jahren seiner Regierungszeit die Idee von einem großen Palast im westlichen Stil. Während dieser Zeit veränderte sich das Osmanische Reich mit grundlegenden Reformen wie dem Tanzimat, das z.B. Nicht-Muslimen den Erwerb von Immobilien erlaubte. Außerdem orientierte man sich an der Architektur und am Lebensstil des Westens. Den Dolmabahçe-Palast ließ der Sultan vom türkisch-armenischen Architekten Karabet Balyan und dessen Sohn Nigoğayos, der in Paris studiert hatte, errichten. Die Baumeister sollten sich an der westlichen Schlossarchitektur orientieren und dem Sultan ein imposantes Bauwerk präsentieren. Der Palast, der bis zum Ende des Osmanischen Reiches Residenz der Sultane war, wurde im Jahr 1856 von Sultan Abdülmecid I. bezogen. Nach der Gründung der Republik Türkei im Jahr 1923 wohnte Kemal Atatürk (1881–1938) dort, wenn er zu Terminen in Istanbul war.

Die Moschee und der Uhrenturm

Auf dem Weg zum Eingang fallen südlich des Palasts zwei markante Bauwerke auf. Zunächst passiert man die auffällige Dolmabahçe-Moschee, die Bezm-i Ahlem Valide Sultan, der Mutter Abdülmecids I., stiftete. Die Sultansmutter, die starkes Interesse an der Gestaltung und Errichtung neuer Gebäude hatte, ließ sie 1853 vom Architekten Nigoğayos Baylan, einem der Palastarchitekten, im Stil des Historismus erbauen. Ihre Fertigstellung 1855 erlebte die Sultansmutter nicht mehr. Markant sind die in barocken Türmchen endenden Eckpfeiler, die die Kuppel stützen und mit Rosetten verziert sind, und die zwei schmalen, 50 Meter hohen Minarette, die korinthischen Säulen ähneln. Zwischen Moschee und Palast erhebt sich schließlich der auffällige, 27 Meter hohe Uhrenturm, der Dolmabahçe Saat Kulesi. Der Turm wurde 1890 von einem Nachfahren des Palastarchitekten während der Regierungszeit Sultan Abdülhamids II. im Neobarock und im Empire-Stil errichtet. Das mechanische Uhrwerk des Turms wurde 1979 ausgetauscht. Seitdem wird die Uhr elektrisch aufgezogen.

GİŞE
OFFICE

Von der Straßenseite sollte man einen Blick auf das Staatstor mit den Palastwachen werfen (oben). Im Garten begeistern monumentale Vasen und ein Schwanenbrunnen (Mitte und unten). Eine schöne Aussicht auf den Palast hat man vom Maçka-Park aus (rechte Seite unten).

Die imposante Palastanlage

Besucher betreten das Palastgelände durch das reich mit Blättern, Rosetten und Säulen verzierte Schatzkammertor. Ein zweites Tor führt in den schönen Garten mit weitläufigen Rasenflächen und hohen Bäumen. Der deutsche Gartenbaumeister Sester legte zur Zierde auch Skulpturen und einen großen Teich mit Springbrunnen an. Links des Palasteingangs erhebt sich das fotogene, prunkvolle Staatstor, das zwei kleine Türme flankieren. Auf der Meerseite imponiert eine Marmorterrasse mit fünf Seetoren. Drei verschiedene architektonische Baustile sind am eindrucksvollen Palast zu erkennen: Neoklassizismus, Neobarock und Rokoko. Die Fassade des Baus ist mit Marmor verkleidet und wird von ionisch-korinthischen Kapitellen und kunstvollen floralen Ornamenten geziert. Im Inneren sind Wände, Decken und Kuppeln mit eindrucksvollen Malereien sowie mit vergoldeten Stuckarbeiten ausgekleidet. Die Böden wurden edel mit Nussbaum-, Eichen- und Lindenholzparkett ausgelegt. Während das Interieur an die westlichen Einflüsse des 19. Jahrhunderts erinnert, ist die auffällige Weiträumigkeit und die Anordnung der Räume auf osmanische Traditionen zurückzuführen.

Der zwei- bzw. dreistöckige Palast umfasst eine Fläche von 45 000 Quadratmetern, 285 Zimmer, 44 Empfangssäle und sechs Hamams. Das Bauwerk teilt sich in drei Bereiche: Im Westtrakt findet man den sogenannten Selamlık, die Staatsräume, die für administrative Aufgaben des Osmanischen Reichs genutzt wurden. Im mittleren Teil mit dem Thronsaal des Sultans, dem Muâyede Salonu, wurden Würdenträger und Staatsmänner empfangen und Zeremonien veranstaltet. Den Abschluss an der Nordostseite bildete der Harem, also die Privatgemächer des Sultans, seiner Frauen und seiner Kinder sowie der Sultansmutter.

Staatsräume und pompöser Thronsaal

Im Eingangsbereich der Staatsräume hängt ein 60-armiger, in England angefertigter Baccarat-Kristall-Leuchter. Reich verziert ist vor allem die Decke, die kunstvolle Malereien und vergoldeten Stuck zeigt. Rund um den Saal sind Warteräume und Arbeitszimmer der Wesire angeordnet, die mit schönen Gemälden, Teppichen und Vorhängen aus der Knüpferei und Weberei Hereke Sultan Abdülmecids I. ausgestattet sind. Ins Obergeschoss führt eine imposante Treppe mit einer in England gefertigten Kristallbalustrade. Im Obergeschoss liegt dann der Botschaftersaal, in dem Geschenke ausländischer Staatsmänner zu sehen sind, wie z.B. ein Eisbärenfell eines russischen Zaren. Die prunkvoll verzierte Decke des Saales wurde von italienischen und französischen Künstlern gestaltet. Im sehr pompösen Roten Saal mit einem kostbaren Perserteppich, vergoldeten Wänden und Möbeln wurden Audienzen der Diplomaten abgehalten. Einer der schönsten Säle ist der Zülveçheyn-Salon, in dem Hochzeiten oder Festbankette stattfanden. Er ist der einzige Raum in diesem Bereich, der auch von den Frauen des Harems genutzt werden konnte. Er fasziniert besonders durch den wunderschönen Kristallkamin und Anrichten mit Perlmuttintarsien. Der Weg zum Thronsaal führt am schönsten Hamam des Palastes vorbei, der mit ägyptischem Marmor verkleidet ist. Der eindrucksvolle Thron-

saal schließlich hat eine Fläche von rund 2000 Quadratmetern, eine 36 Meter hohe Kuppel und einen 4,5 Tonnen schweren Kristalllüster, den Sultan Abdülmecid I. selbst in England gekauft hat.

Die Privatgemächer des Sultans

Traditionell ist der Harem natürlich auch im Dolmabahçe-Palast von den restlichen Palasträumen abgetrennt, wurde aber durch einen langen Korridor mit dem Selamlık verbunden. Im Harem beeindrucken besonders der Rote Saal für den Empfang weiblicher Gäste der Sultansmutter und der Blaue Saal, der dem Sultan für opulente Feste mit seinen Frauen diente. Im erstgenannten Saal sind ein Baccarat-Kristall-Leuchter, der mit roten Kristallen verschönert wurde, und prunkvoll in Gold strotzende Wände und Decken zu bestaunen. Die Gemächer der Sultansmutter gehören neben denen des Sultans zu den prächtigsten im Harem und befinden sich auf der Meerseite. Bis heute ziehen in ihren Gemächern die vergoldeten Möbel und eine prachtvolle Kommode mit Perlmutteinlagen die Blicke auf sich.
Zwei Zimmer in diesem Trakt hat Kemal Atatürk nach Abschaffung des Sultanats und Gründung der Republik Türkei zu Arbeits- und Schlafzimmer umgebaut. Die Räume Atatürks zeichnen sich durch die Schlichtheit aus, die dem Republikgründer zu eigen war. Im Sterbezimmer Atatürks steht die Uhr auf 9.05 Uhr, seinem Todeszeitpunkt. Ihm zu Ehren wird jedes Jahr am 10. November um 9.05 Uhr in der ganzen Türkei eine Schweigeminute abgehalten.

FERIENWOHNUNGEN MIT BOSPORUSBLICK

Unweit des Dolmabahçe-Palastes findet man in einer ruhigen Nachbarschaft »Apart Ayaspasa« mit fünf nett hergerichteten Ferienwohnungen, die eine ideale Übernachtungsmöglichkeit in zentraler Lage für alle bieten, die etwas länger in der Stadt bleiben wollen. Mitten in der Metropole warten die modern, hell und farbenfroh eingerichteten Apartments mit Wohnzimmer, gut ausgestatteter Küchenzeile, kleinem Schlafzimmer und kleinem Badezimmer auf. Die Hanglage und einige Treppenstufen mehr sind für Gehfaule eher unpraktisch, von Vorteil ist aber die Nähe zum Taksim-Platz, den man in nur zehn Gehminuten erreicht, und die fünf Minuten entfernte Haltestelle Kabataş, von der man mit der Tram, der Metro, dem Bus oder der Fähre jegliche Stellen in Istanbul erreicht. Vier der fünf Apartments bieten außerdem einen tollen Ausblick auf den Bosporus. Für türkische Gastfreundschaft sorgen der hilfsbereite Hotelier Atilla Erşan und seine Söhne. Wer sich nicht selbst versorgen will, kann Frühstück dazubuchen.

WEITERE INFORMATIONEN

Apart Ayaspasa: www.apartayaspasa.com
Dolmabahçe-Palast: ww.millisaraylar.gov.tr

Beşiktaş entdecken Besucher als lebhafte Nachbarschaft mit dem bekanntesten Wochenmarkt der Stadt. Natürlich wird dort der obligatorische *çay* serviert (oben). Der für Beşiktaş bedeutenden Seefahrtsgeschichte widmet sich das interessante Marine-Museum (rechts oben). Mit Prunk und Glamour punktet das »W Hotel« in Akaretler (rechts unten).

34 Beşiktaş

Studentenviertel mit vielfältigem Angebot

Nördlich des Dolmabahçe-Palasts liegt der lebendige Stadtteil Beşiktaş, der den meisten wegen des international erfolgreichen Fußballvereins »Beşiktaş Istanbul« ein Begriff ist. Das Viertel, das von zahlreichen Studenten bewohnt wird, ist aber vor allem aufgrund der guten Fischtavernen, der farbenfrohen Märkte und zweier interessanter Museen einen Besuch wert.

Wer von Süden nach Beşiktaş kommt, passiert vor Erreichen des zentralen Platzes zunächst das große Inönü-Stadion des hier ansässigen Vereins, das Fußballfans bei einem Istanbul-Besuch eine gute Gelegenheit bietet, sich ein Spiel anzuschauen. Am Barbaros Parkı genannten Platz, an dem auch die Anlegestelle von Beşiktaş zu finden ist, herrscht reger Betrieb. Täglich pendeln vom Anleger, der bereits im 16. Jahrhundert von besonderer Bedeutung war, zahlreiche Menschen zwischen Europa und Asien. Am Platz steht die Grabtürbe des in Europa als »Barbarossa« bekannten osmanischen Korsaren Barbaros Hayreddin Paşa (1478–1546), die vom osmanischen Baumeister Koca Mimar Sinan erbaut wurde. Das 1944 errichtete Denkmal gleich neben der Türbe gedenkt ebenfalls des 1533 zum Großadmiral der osmanischen Marine ernannten Piraten, der 30 Jahre lang die maritime Überlegenheit der Osmanen sicherte.

Maritimes Erbe der Osmanen

Wie wichtig Beşiktaş für die osmanische Marine war, zeigt eine Moschee an der Landseite der großen Beşiktaş Caddesi. Dort hat der Großadmiral der Seestreitkräfte, Sinan Paşa, vom osmanischen Baumeister Koca Mimar Sinan zwischen 1553 und 1556 eine Moschee bauen lassen. Anders als in anderen Moscheen wird die Kuppel in der Sinan Paşa Camii anstatt von den üblichen vier Pfeilern von sechs Pfeilern getragen. Den Gebetsraum zieren blau-rote Malereien und eine vergoldete Gebetsnische. Die hexagonale Anordnung der Pfeiler und der Übergang zu den rechteckigen Seitenschiffen mithilfe von kleinen Kuppeln und Bögen erscheint recht eigenartig.
In Beşiktaş berichten nicht nur die zwei Denkmäler über die interessante türkische Seefahrtsgeschichte. Besonders interessant ist auch das 1897 gegründete Marine-Museum (Deniz Müzesi), das mit zahlreichen Schiffsmodellen, Navigationsgeräten, Seekarten, Wappen, Waffen, Flaggen, Uniformen, Briefmarken, Münzen und einigen Dingen mehr die Geschichte der osmanischen und türkischen Seefahrt erzählt. 14 imperiale Galeeren, mit denen die Sultane Ausflüge auf dem Bosporus unternahmen, werden im

neuen Anbau des Museums auf der Meerseite präsentiert. Die reich verzierten, teilweise vergoldeten Galeeren stammen aus dem 19. Jahrhundert und sind handgefertigt. Auf drei schlichten Booten ließ sich Kemal Atatürk über den Bosporus rudern.

Sehenswerte Palastsammlungen

Gleich neben dem Marine-Museum sind in den Gewölben der einstigen Küchen des Dolmabahçe-Palastes interessante Sammlungen aus den Sultanspalästen untergebracht. Tausende Exponate berichten dort vom Alltag in den Sultanspalästen im 19. Jahrhundert. Ausgestellt werden Möbel, Silberbesteck, Geschirr, kostbare Gastgeschenke an den Sultan, Spielzeug, Bücher und Instrumente sowie Kalligrafie- und Schreibsets. Besonders wertvoll sind die Objekte, die in der kaiserlichen Yıldız-Porzellanmanufaktur und in der Weberei und Knüpferei Hereke hergestellt wurden.

Das lebhafte Zentrum von Beşiktaş

Die Ortabahçe Caddesi führt von der Hauptstraße landeinwärts ins lebendige Zentrum von Beşiktaş. Rund um den Fischmarkt, für den eigens ein modernes Stahldach errichtet wurde, findet man zahlreiche gute Fischtavernen. Samstagvormittags lohnt unbedingt der Besuch auf einem der beliebtesten Wochenmärkte der Stadt, auf dem es auch frische Crêpes, *börek* und *mantı* für den kleinen Hunger gibt. Der Beşiktaş Pazarı befindet sich in einem zweistöckigen Parkhaus am Ende der Ortabahçe Caddesi. Ein umfangreiches Lebensmittelangebot findet man dort im Erdgeschoss. Auf der oberen Etage wühlt man stundenlang in Schuhen, Kleidung, anderen Textilien und Parfüms.

EIN KLEINES VIERTEL IM AUFSCHWUNG

Wer in Beşiktaş unterwegs ist, kann ganz in der Nähe das aufstrebende In-Viertel Akaretler besuchen, dessen Reihenhäuser einst von den Bediensteten des Dolmabahçe-Palastes bewohnt wurden. 2008 wurde das hübsche Quartier mit den im Jahr 1875 erbauten Häusern mit neoklassizistischen Fassaden vollständig saniert und erstrahlt seitdem in neuem Glanz. In kleinen Ladenlokalen haben sich Künstler und Designer mit ihren Galerien und schönen Läden angesiedelt. Hübsche, interessant eingerichtete Restaurants, Tavernen und Cafés wie das »Kalamata meyhane« oder das »Limonata Downtown« laden zum Genießen und Verweilen ein. Im Mittelpunkt steht für alle, die eine pompös eingerichtete Luxusherberge suchen, das bekannte »W Hotel«. Das Hotel mit osmanischen Akzenten, kräftigen Farben und außergewöhnlichem Licht ist nicht nur als Unterkunft interessant, sondern mit der »W Lounge-Bar« auch für einen Drink oder mit dem »Hotel Minyon« für ein Dinner.

WEITERE INFORMATIONEN

Akaretler: www.akaretler.com.tr
Marine-Museum: ww.denizmuzeleri.tsk.tr
Palast-Sammlungen:
www.millisaraylar.gov.tr

Der Dolmabahçe-Palast ist eine der beliebtesten Attraktionen Istanbuls. Sein Garten ist voller farbenfroher Blumen und hübscher Brunnen.

An den Schaufenstern der international bekannten Designer-Geschäfte sucht sich die Istanbuler Upperclass die Einkäufe aus (oben). Beliebt ist das schicke Nişantaşı aber auch als Kulisse für das Istanbuler Filmgeschäft (unten).

35 Nişantaşı

Istanbuls feine Shopping-Adresse

Nişantaşı steht mit seiner Einkaufsmeile, der Abdi Ipekçi Caddesi, für Eleganz, Wohlstand und exklusive Läden. In den edlen Boutiquen nationaler und internationaler Designer gibt sich die Istanbuler High Society der Shopping-Lust hin.

Schicke Geschäfte, Cafés, Bars und Restaurants prägen die Abdi Ipekçi Caddesi, die als bekannteste Einkaufsmeile der Stadt gilt und durch den eleganten Wohn- und Einkaufsbezirk nahe dem Stadtzentrum verläuft. Die teuerste Einkaufsstraße der Stadt wurde nach dem renommierten Journalisten und Menschenrechtsaktivisten Abdi Ipekçi benannt, der in diesem Viertel im Jahr 1979 vor seiner Wohnung erschossen wurde. Die Stelle des Attentats wird seit dem Jahr 2000 von einem 3,50 Meter hohen Denkmal markiert, das seine von zwei Studenten getragene Büste mit einer Friedenstaube zeigt. In den Jugendstilgebäuden aus dem 19. Jahrhundert, die Sultan Abdülmecid I. für die Besiedelung des Viertels errichten ließ, befinden sich viele Kunstgalerien, Boutiquen aufstrebender türkischer Designer und Modehäuser internationaler Luxus-Labels.

Die bekanntesten Designer

Istanbuler Jetset und Prominenz und die modebewussten Damen der feinen Gesellschaft kaufen auf der Abdi Ipekçi Caddesi nicht nur bei den internationalen Labels wie Louis Vuitton, Chanel, Prada oder Gucci ein, sondern auch in den interessanten Boutiquen renommierter oder aufstrebender türkischer Designer. Wer sich in der Branche einen Namen gemacht hat und sich die Miete in Nişantaşı leisten kann, eröffnet seine Boutique natürlich dort, wo die zahlungskräftige Klientel zu Hause ist. Auf dem Programm stehen meistens Damenmode und kreativer Schmuck, aber natürlich auch Herrenbekleidung. Eines der bekanntesten türkischen Labels ist die edle Marke Vakko, die mit ihren Tochtergesellschaften V2K und Vakkorama auch eine junge, trendige Linie für Damen und Herren präsentiert. Gegründet wurde Vakko bereits 1962. Äußerst interessant ist auch die durch feminine Linien definierte Damenmode der jungen türkischen Designerin Arzu Kaprol. Ihre Mode begeistert seit 2011 auch auf der Pariser Fashion Week. Edlen Schmuck, der oft mit Halbedelsteinen besetzt ist, bekommt man bei Müge Çizgenakat, die auch international bekannt ist und die ihr erstes Schmuckgeschäft in New York eröffnete. Kreativen Schmuck aus Gold, Holz, Steinen und anderen Naturmaterialien gibt es bei Fenix.

INFO: www.vakkorama.com.tr, www.arzukaprol.net, www.mugeny.com

36 Levent

Hochhäuser und Shoppingmalls

So wie die Minarette der historischen Sultansmoscheen die Silhouette der Altstadt kennzeichnen, prägen moderne Wolkenkratzer und futuristische Shoppingmalls die Skyline von Levent. Die Einkaufszentren bieten Läden für jeden Geldbeutel.

Das moderne und boomende Istanbul des 21. Jahrhunderts wird kaum irgendwo besser präsentiert als in Levent. Seit einigen Jahren sprießt in diesem Viertel ein Hochhaus nach dem anderen aus dem Boden. Die Wolkenkratzer, in denen zahlreiche Büros, Banken, erstklassige Apartments und riesige Einkaufszentren untergebracht sind, gehören zu den höchsten Bauten Europas. Das höchste Gebäude der Stadt ist – bis zur Fertigstellung des 270 Meter hohen Hochhauses Diamond of Istanbul – das 261 Meter hohe »Istanbul Sapphire«. Das Hochhaus mit zehn unterirdischen und 56 oberirdischen Etagen beherbergt außer Luxuswohnungen auch ein riesiges Einkaufszentrum. Der Besuch lohnt sich jedoch besonders aufgrund der zwei Aussichtsplattformen auf der 54. und 56. Etage mit Panoramacafé und dem wahrscheinlich umfassendsten Ausblick, den Istanbul zu bieten hat. Von dort oben überblickt man das Stadtgebiet bis zum Belgrader Wald, dem Schwarzen Meer und dem Marmarameer. Für das besondere Erlebnis sorgt auf 236 Metern Höhe auch der sogenannte Sky Ride, bei dem in zehn Minuten in einem Kino-Raum mit 4-D-Simulation ein Helikopter-Flug entlang der wichtigsten Sehenswürdigkeiten wie dem Topkapı-Palast, der Hagia Sophia und der Yerebatan-Zisterne nachgestellt wird.

Stundenlang bummeln

Zum Shoppen eignet sich in Levent nicht nur das »Istanbul Sapphire«. Moderne und große Einkaufszentren bieten Läden und Boutiquen für jeden Geschmack und Geldbeutel. Die Shoppingmalls der Stadt haben sich in den letzten Jahren zu den beliebtesten Einkaufszielen des Mittleren Ostens und Europas entwickelt. Die vielseitigen Cafés, Restaurants und Kinos runden den Einkauf ab.
Besonders nahe beieinander befinden sich in Levent die Shoppingcenter »Kanyon« und »Metrocity«. Der dreiteilige Komplex »Metrocity« bietet ungefähr 170 Geschäften eine Verkaufsfläche von 43 000 Quadratmetern. Äußerst beliebt ist das im Jahr 2006 eröffnete »Kanyon«, das aus einem 26-stöckigen Hochhaus mit geschwungener Fassade und von einem Baldachin überdachten Innenhof mit Geschäften besteht.
INFO: www.istanbulsapphire.com (nur türkisch), www.kanyon.com.tr, www.metrocity.com.tr

Einen fantastischen Panoramablick hat man über Istanbuls Wolkenkratzer hinweg vom riesigen Istanbul Sapphire (oben). Die beliebteste Shoppingmall der Istanbuler ist das architektonisch interessante »Kanyon« (unten).

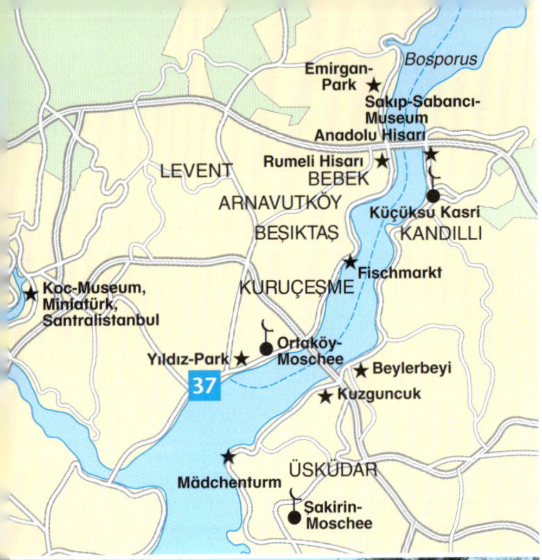

Bei Touristen beliebt ist der Yıldız-Palast (oben) mit seinem prunkvollen Empfangssaal (rechte Seite unten). Der Yıldız-Park wird von den Einheimischen auch gern zum Shooting von Hochzeitsfotos genutzt (unten).

37 Yıldız-Park

Ein Garten für den Sultan

Das Picknick im Park gehört zu einer der beliebtesten Freizeitbeschäftigungen der Istanbuler Familien. Einer der schönsten Flecken dafür ist der Yıldız-Park, der 160 Hektar zwischen Beşiktaş und Ortaköy einnimmt. Die Grünanlage, die einst nur die Sultansfamilie nutzen durfte, bietet Ruhe und Erholung vom Trubel der Millionenmetropole.

Bereits im 16. Jahrhundert wurde das Gebiet, in dem sich der Yıldız-Park befindet, von den Sultanen als Jagdgebiet genutzt. Der Park liegt in Hanglage zwischen dem Çırağan-Palast und dem Yıldız-Palast am Barbaros Bulvarı und bietet nicht nur abwechslungsreiche Natur, sondern auch Pavillons, ein altes Jagdschloss und eine Porzellanmanufaktur. Im Osten ist der Park naturbelassen und wild. Schmale Pfade führen durch die Bewaldung mit uralten Platanen, Eichen und Buchen. Der westliche Teil hingegen ist als sorgsam gepflegte Grünanlage angelegt. Dort findet man Wasserspiele, farbenfrohe Blumenbeete und Magnolien sowie einen Bach. Familien picknicken auf farbenfrohen Decken, und streunende Hunde dösen im Schatten der Zypressen, Eichen und Judasbäume.

Pavillons im Park

Hübsch restaurierte Jagdschlösschen, sogenannte *köşk*, auf die man während eines Spaziergangs im Park trifft, zeigen die Beliebtheit des Geländes im 19. Jahrhundert, als der Park nur dem Sultan vorbehalten war. Hält man sich beim Eingang links, gelangt man über die verzweigten Pfade zunächst zum rosafarbenen Çadır Köşkü. Der kleinste Pavillon wurde von Sultan Abdülaziz als Landhaus erbaut und diente später als Gefängnis. Heute kann man dort unter grünen, Schatten spendenden Bäumen im Café verweilen. Ebenfalls gastronomisch wird der große, hübsch restaurierte Malta Köşkü genutzt. Der Pavillon mit Marmordekorationen sowie mit Blumen- und Jagdmotiven bemalten Decken und Wänden präsentiert drei Architekturstile: Barock, Rokoko und Empire.

Der Komplex des Yıldız-Palasts

Der einzige vom Park her zugängliche Teil des Yıldız-Palasts ist der Şale Köşkü am Nordwestende der Parkanlage. Der restliche Komplex, das Yıldız-Palast-Museum, liegt hinter hohen Mauern und ist nur über den Eingang am Barbaros Bulvarı zugänglich. Der Şale-Pavillon wurde Ende des 19. Jahrhunderts von Sultan Abdülhamid II. in Auftrag gegeben. Das als Audienzsaal gebaute Schlösschen wurde später als Unterkunft für Staatsgäste wie Kaiser Wilhelm II., Charles de Gaulle und Winston Churchill genutzt. Ausgestattet ist der Pavillon, der im Stil

eines Schweizer Chalets gebaut wurde, mit kostbaren Teppichen und wertvollem Porzellan. Decken und Wände zeigen landschaftliche Malereien.
Aus Angst vor Anschlägen im Dolmabahçe-Palast zog Sultan Abdülhamid II. in den Yıldız-Palast um, der ursprünglich als Jagdschloss erbaut wurde. Er ließ die Anlage weiträumig ausbauen, sodass der Komplex den Palast, den Harem, mehrere Pavillons, ein Theater, das eigens für den Besuch Kaiser Wilhelms II. errichtet wurde, und Unterkünfte für das Personal umfasste. Im riesigen Garten wurden Teiche und ein kleiner Zoo angelegt. Wichtig war dem Sultan seine Schreinerwerkstatt, die er lange selbst nutzte. Sein Werkzeug und andere persönliche Dinge, Originalmobiliar und Geschenke von Staatsmännern sowie Porzellan aus der kaiserlichen Manufaktur sind heute hier zu sehen.

Die Yıldız-Porzellanmanufaktur

Östlich des Parks lohnt sich ein Abstecher in die kaiserliche Porzellanmanufaktur (Yıldız Porselen Fabrikası), die Sultan Abdülhamid II. im Jahr 1895 eröffnete. Das Gebäude, das in einer Zeit erbaut wurde, als die westlichen Architekturstile auch die Bauten in Istanbul beeinflussten, erinnert an eine europäische Burg.
Damals wie heute fertigte man dort in feinster Handarbeit hübsche Porzellanobjekte mit ornamentalen Verzierungen. Nachdem die zwischenzeitlich geschlossene Manufaktur im Jahr 2009 erneut eröffnet wurde, kann man das originalgetreu reproduzierte, edle Porzellan auch wieder erstehen.

LUXUS PUR IM SULTANSPALAST

1874 ließ Sultan Abdülaziz östlich des Dolmabahçe Sarayı am Bosporus einen neuen Palast errichten. Nachdem der Çırağan-Palast aber 1910 abgebrannt war, verfiel der Bau. Nach umfangreicher Restaurierung in den 1990er-Jahren eröffnete in den alten Palastmauern und in einem neuen, noblen Anbau mit 313 luxuriösen Zimmern die schickste Unterkunft der Stadt, das »Çırağan Palace Kempinski«. In dem alten, prächtig restaurierten Sultanspalast mit seinen prunkvollen Hallen, verschnörkelten Säulen und glitzernden Kristalllüstern sind elf exklusive Suiten untergebracht. Spürbar ist der Luxus jedoch nicht nur in den Zimmern, sondern auch in den schicken Bars und Restaurants, die auch Nicht-Hotelgäste besuchen dürfen. Einen Hauch von Glanz und Glamour kann man sich zum Beispiel im »Laledan« Restaurant zum Sonntags-Brunch oder zum traditionellen Nachmittagstee in der »Gazebo Lounge« gönnen.

WEITERE INFORMATIONEN

Çırağan Palace Kempinski: www.ciragan-palace.com
Yıldız-Porzellanmanufaktur und Sale Köşkü: www.millisaraylar.gov.tr
Yıldız-Palast-Museum: www.yildizpalace.com.tr

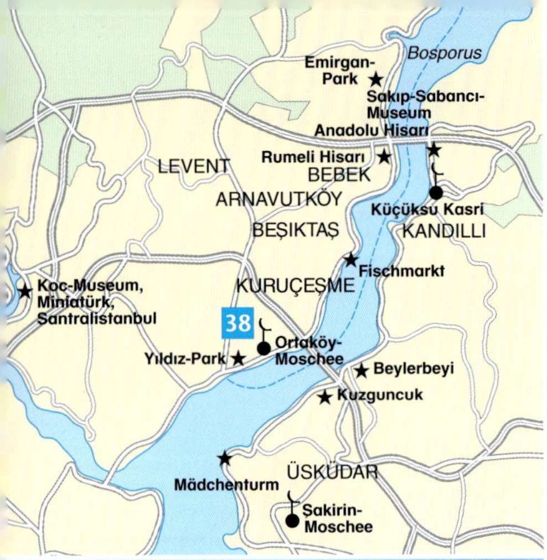

38 Ortaköy

Entspanntes Viertel am Bosporus

**Das einstige Fischerdorf am Bosporus war früher vor allem wegen der repräsentativen Moschee vor der Bosporusb
rücke ein Begriff. Heute trinkt man an der Promenade zwar immer noch gemütlich seinen *çay*, ist aber völlig in die Metropole integriert.**

Die Gassen zwischen der Hauptstraße und dem Hafen laden als Fußgängerzonen zum Flanieren ein (oben). Fischerboote liegen am Kai vor der Ortaköy-Moschee (rechts), die derzeit renoviert wird.

Obwohl Ortaköy sich vom charmanten Fischerdorf zum beliebten Ausgehviertel gewandelt hat, hat sich das Viertel mit den engen Gassen, den farbenfrohen Häusern, den zahlreichen Verkaufsständen, Cafés und Restaurants etwas von seinem ursprünglichen Flair bewahrt. Ein großes gastronomisches Angebot findet man an der lebendigen Promenade, die nicht nur von vielen jungen Leuten, sondern auch von türkischen Familien und Touristen aufgesucht wird. Sie alle genießen zu jeder Tages- und Nachtzeit den Blick auf den Bosporus, die Ortaköy-Moschee und die dahinter thronende Bosporus-Brücke. Interessant ist ein Besuch in Ortaköy vor allem an Sonntagen, wenn landeinwärts von der Moschee der beliebte Floh- und Kleinkunstmarkt steigt. Dort finden Shopping-Fans eine Vielzahl an Accessoires, Textilien, Schmuck, Kunsthandwerk und Antiquitäten sowie Trödel. Bei Malern kann man Porträts von sich zeichnen lassen und an den Ständen der Kumpir Sokak die beliebten Ofenkartoffeln mit verschiedenen Füllungen kosten.

Die markante Ortaköy-Moschee

Die Moschee am Bosporusufer wird zwar Ortaköy Camii genannt, heißt aber eigentlich Büyük Mecidiye Camii. Sie steht an einem kurzen Landvorsprung direkt vor der gigantischen Bosporus-Brücke. 1856 war die kleine Moschee, die Sultan Abdülmecid I. stiftete, fertiggestellt. Die Sultane kamen in ihren stattlichen Galeeren zum Freitagsgebet in die vom Palastarchitekten Nigoğayos Balyan erbaute Moschee. In ihrer Architektur zeugt die Moschee, ein beliebtes Postkartenmotiv, vom zu jener Zeit üblichen Historismus. Die Fassade imponiert mit Halbsäulen und hübschen ornamentalen Verzierungen. Im Inneren präsentiert sich die Ortaköy-Moschee im neobarocken Stil mit glitzernden Kronleuchtern, einer grün-rot-gold bemalten Kuppel und einer prächtigen Marmor- und Porphyrverkleidung.

39 Kuruçeşme und Suada

Angesagte Party-Locations

Sommernächte in Istanbul bedeuten für die Reichen und Schönen: Party machen am Bosporus. In Kuruçeşme reihen sich die exklusiven Open-Air-Club-Restaurants Istanbuls aneinander. Und ein Boot pendelt zur ebenso noblen Event-Location »Suada Club« auf der Insel Galatasaray Adası.

Der Küstenabschnitt bei Kuruçeşme ist Istanbuls luxuriöseste Partymeile. Die Aussicht über den Bosporus nach Asien, die frische Brise und die Vorliebe der wohlhabenden Istanbuler für exklusive Locations waren die Kriterien für die Gründung avantgardistischer Clubs, meist mit angeschlossenen Restaurants, und Diskotheken am Bosporusufer. Unterm Sternenhimmel feiern Reiche und Schöne aus dem In- und Ausland in Event-Locations, die nicht nur mit großen Open-Air-Tanzflächen, sondern auch mit edlen Restaurants, Bars und Anlegestellen für die Motorjachten imponieren. Eine der Top-Adressen in Kuruçeşme ist der Club Reina. Die »Königin« der Clubs hat fünf Restaurants und einen riesigen Clubbing-Bereich mit Blick auf die beleuchtete Bosporus-Brücke. Wer bereits zum Dinner reserviert, kann meist auch mit Zugang zum Club rechnen, außer es finden private oder exklusive Events statt. Für ein unvergleichliches Ambiente sorgt außer der Lage eine perfekt durchdachte Licht- und Lasershow. Selbstverständlich ist das perfekte Styling im Club, in dem Stars und Sternchen aus aller Welt in reservierten Lounge-Ecken die Korken knallen lassen, ein absolutes Muss.

Die Party-Insel

Zum angesagten Istanbuler Lifestyle gehört auch die »Wasserinsel« (türkisch *suada*), die im Sommer Tag und Nacht ein Hotspot für die Istanbuler High Society ist. 1957 kaufte der Sportclub Galatasaray Istanbul ein Felseneiland im Bosporus. Der Club wandelte das Inselchen in einen Ponton mit Restaurants, Bars, Beach Club und Pool um. Heute pendelt zu jeder Tageszeit ein Shuttle-Boot zwischen dem Kuruçeşme-Park und dem schwimmenden Dock. Die Gäste erwartet auf Suada eine perfekt geschaffene Atmosphäre aus minimalem Design in Weiß und Gold mit legerem, aber schickem Beach Club. Sechs Restaurants bieten internationale Köstlichkeiten.

INFO: www.reina.com.tr, www.suadaclub.com.tr

Auf der schicken Partyinsel Suada trifft sich Istanbuls Schickeria vor allem an heißen Sommertagen (oben). Der »Club Reina« bietet außer Spitzengastronomie und Nightlife (links) auch einzigartige Ausblicke auf die beleuchtete Bosporusbrücke (unten).

Grünanlagen am Bosporus laden zum Flanieren und Picknicken ein (oben). Hier angeln auch schon die Kleinen (unten). Markant erhebt sich am Ufer in Bebek der schöne Holzpalast des Ägyptischen Konsulats (rechte Seite unten).

40 Arnavutköy und Bebek

Entspannung am Bosporus

Die Küstenorte Arnavutköy und Bebek sind ideal zum Spaziergang am Bosporus. Das charmante Arnavutköy bietet gute Fischlokale und gut erhaltene hölzerne, pastellfarbene Ufervillen, sogenannte *yalıs*, und im wohlhabenden Bebek laden schicke Cafés und Bars zum Sehen und Gesehenwerden ein. Bekannte Sehenswürdigkeiten gibt es in den beiden Bosporus-Vororten nicht.

Arnavutköy und Bebek sind die nördlichsten Nachbarschaften des Stadtteils Beşiktaş. Vor allem Arnavutköy lockt Besucher zu einer Erkundungstour zwischen typisch osmanischen Holzhäusern, die im Original nur noch selten erhalten sind. In Bebek trifft sich die wohlhabende Istanbuler Gesellschaft, die unschwer an den teuren Autos erkennbar ist, zum Brunchen, zum Mittagessen und natürlich zum Drink am Abend.

Osmanische Holzhausarchitektur

Griechen und Armenier waren als Handwerker umfassend am Bau der schönen hölzernen Stadthäuser mit den typischen osmanischen Erkern im Ortskern oder der Ufervillen beschäftigt. Die bis ins 19. Jahrhundert ausschließlich aus Holz gebauten Häuser der Stadt gaben Istanbul den Beinamen »Stadt aus Holz«. Sowohl Stadthäuser als auch die Villen am Bosporus wurden bis ins späte 19. Jahrhundert nur aus Holz errichtet, da das Material günstig und flexibel war. Außerdem war es vorteilhaft für die immer wiederkehrenden Erdbeben und klimatisch ideal für die heißen Sommer. Der Nachteil von Holz ist jedoch dessen Anfälligkeit, sodass viele Häuser einfach zusammensackten oder abbrannten. In Arnavutköy konnten anders als im Viertel Zeyrek in der Altstadt die hölzernen Stadthäuser, vor allem einige der prachtvollen *yalıs*, erhalten werden. Die mittlerweile unter Denkmalschutz stehenden Bauten in Weiß oder Pastelltönen wie Rosa oder Mintgrün stehen an der Promenade und präsentieren den osmanischen Jugendstil. Da die osmanische Baukunst der Stadt ziemlich wichtig ist, unterstützt sie seit einigen Jahren die kostspieligen Restaurierungen. So können die prächtigen, mit vielen Fenstern und reich verzierten Fassaden ausgestatteten Villen, die meist über eigene Bootsanlegestellen oder ein Bootshaus verfügen, heute immer noch am Bosporus strahlen, auch wenn Laien kaum zwischen den original erhaltenen und den neu gebauten *yalıs* unterscheiden können. Viele der neuen, prächtigen *yalıs* verbergen hinter ihrer Holzfassade heute einen Betonbau.
Die Einheimischen besuchen das nostalgische Arnavutköy wegen des eleganten

Fischerdorf-Flairs. In zahlreichen Tavernen und Restaurants kann man hier besonders gut Fisch und Meeresfrüchte essen. Bis ins 20. Jahrhundert war Arnavutköy eine sehr multikulturelle Nachbarschaft. Den vielen einst dort ansässigen Albanern verdankt das Örtchen seinen Namen, »Dorf der Albaner« (türkisch *arnavutköy*). In der griechisch-orthodoxen Kirche Taksiarhi mit dem markanten Glockenturm von 1834 im Ortszentrum finden bis heute Gottesdienste statt.

Das vermögende Bebek

Die Uferpromenade führt von Arnavutköy an weiteren *yalıs* und grünen Hängen vorbei bis nach Bebek, in dessen Bucht zahlreiche Fischerboote und moderne Motorjachten vor Anker liegen. Seinen Namen »Baby« (türkisch *bebek*) hat das hübsche Quartier wohl dem Ausdruck »so schön wie ein Baby« zu verdanken. Denn Bebek liegt an einer fantastischen, breiten Bucht des Bosporus, die in schönen, dunklen Blau- und Grüntönen schimmert. Kein Wunder, dass Bebek zu den schönsten Vororten und den teuersten Wohnvierteln Istanbuls zählt. Bebek fasziniert nicht nur mit seinen edlen Cafés, Restaurants und Bars, in denen sich die Istanbuler High Society trifft, sondern auch mit einer schönen Promenade, die zum Verweilen einlädt. Dort thronen auch die kleine, steinerne Bebek-Moschee aus dem Jahr 1913 und das riesige *yalı* des Ägyptischen Konsulats. Das markante Bauwerk (Hıdiva Sarayı), das vom letzten Vizekönig Ägyptens, Abbas Hilmi II., in Auftrag gegeben wurde, ist ein umfassend restauriertes Jugendstil-Palais in leuchtendem Weiß.

AUSGEHEN IN BEBEK

Bebeks Nachtleben hat eine lange Tradition. Die elegante Bar des traditionsreichen »Bebek Hotel« direkt am Bosporus zählte in den 1980er-Jahren zu den 50 exklusivsten Bars der Welt. Von der sich direkt am Wasser befindenden Terrasse hat man sowohl nach Norden als auch nach Süden einen faszinierenden Ausblick auf den Bosporus und auf das abends durch die zahlreichen Lichter wie magisch glitzernde Asien. In der nostalgischen Bebek-Bar kann man sowohl frühstücken als auch nur zum Tee einkehren. Abends genießt man dort – an den Wochenenden auch mit Livemusik – einen Cocktail, einen guten Wein oder einen Drink.

Dass die Tradition der schicken Bars in Bebek weitergeführt wird, zeigt der Hotspot der Istanbuler Elite, die Restaurant-Bar »Lucca« an der Hauptstraße. Dort sorgt der Chefkoch für kulinarische Highlights, und die preisgekrönten Barkeeper mixen exklusive Drinks. Nationale und internationale DJs legen nach dem Essen Funk, Jazz und House auf.

WEITERE INFORMATIONEN

Bebek Hotel: www.bebekhotel.com.tr

Lucca: www.luccastyle.com

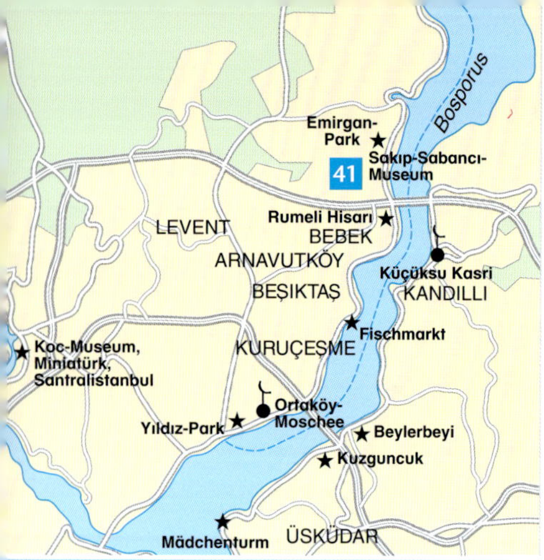

Prima Aussicht auf den Bosporus hat man von der leider nicht gut befestigten europäischen Festung, der Rumeli Hisarı (oben). Prächtige Räume erwarten Besucher im Sakıp-Sabancı-Museum (unten).

41 Rumeli Hisarı und Emirgan

Viel Natur und Kultur

Malerische Dörfer am Bosporus laden mit ihrem bewaldeten Hinterland und schönen Promenaden zum Spaziergang, Joggen oder Angeln ein. Eine Burg zeugt von der strategisch wichtigen Bedeutung des Bosporus, und ein Museum erzählt vom Leben einer wohlhabenden Istanbuler Familie.

Noch vor der Eroberung Konstantinopels ließ Sultan Mehmed II. Fatih (1432–1481) an der mit 660 Metern Breite engsten Stelle des Bosporus eine wehrhafte Festung errichten. Südlich der zweiten Bosporus-Brücke, Fatih Sultan Mehmet Köprüsü, thront seit über einem halben Jahrtausend Rumeli Hisarı, die »Europäische Festung«. Die sehenswerte Burg, die 1452 in nur vier Monaten von 3000 Arbeitern erbaut wurde, bildete mit der Festung Anadolu Hisarı auf der asiatischen Seite eine perfekte Möglichkeit für die Osmanen schon vor der Eroberung der Stadt, den Verkehr auf dem Bosporus zu kontrollieren. Als Konstantinopel schließlich an die Osmanen fiel, diente die Burg als Gefängnis.

Seit 1953 ist Rumeli Hisarı öffentlich zugänglich. Die Festung präsentiert sich mit zwei wuchtigen Rundtürmen, 13 Wachtürmen, einem zwölfeckigen Turm und einem Amphitheater, das heute beliebte Konzert-Location ist. Steile Wege, die zum Teil leider ungesichert sind, führen durch das 30 000 Quadratmeter große Areal. Wer noch ein Plätzchen zum Frühstücken sucht, wird an der Promenade des gleichnamigen Vororts sicherlich fündig.

Vom Leben der Reichen

Nahe dem Anleger des sich nördlich der Bosporus-Brücke erstreckenden Emirgan lohnt das in privater Hand befindliche Sakıp-Sabancı-Museum einen Besuch. Das Museum mit schönem Garten ist in einem Haus eines ägyptischen Prinzen von 1927 untergebracht, das 1950 von der Industriellenfamilie Sabancı gekauft wurde. Im Jahr 2002 eröffnet, zeigt es kostbares Porzellan, prächtige Möbel, eine wertvolle Kalligrafiesammlung aus fünf Jahrhunderten und Gemälde aus der spätosmanischen Zeit bis zur Gründung der Republik Türkei. Besucher bekommen in den ehemaligen Wohnräumen der Familie einen Eindruck von deren Alltag. Im neuen Anbau finden zudem wechselnde Kunstausstellungen statt.

Ein Spaziergang lohnt in Emirgan vor allem im bezaubernden Emirgan-Park, einer hübsch angelegten Parkanlage mit einer vielseitigen Flora, der auch Teil des Istanbuler Tulpenfests ist. Zwischen Fichten, Eichen, Tannen, Zedern, Fichten und Ginkgo-Bäumen findet man drei kleine Schlösschen aus dem 19. Jahrhundert und malerische Teiche.

INFO: Sakıp-Sabancı-Museum: http://muze.sabanciuniv.edu

42 Sarıyer

Seafood und edle Kunst

Eine der bekanntesten Ortschaften an der europäischen Bosporusküste ist – vor allem wegen der beliebten Fischrestaurants – das lebhafte Sarıyer. In der Nähe lohnt der Besuch des ersten privaten Museums der Türkei, das in einer eindrucksvollen Holzvilla untergebracht ist.

Sarıyers gleichnamiger Landkreis, dessen Hinterland im Südosten an Istanbuls »Lunge« – den Belgrader Wald – angrenzt, erstreckt sich am nördlichen Ende des Bosporus bis hin zum Schwarzen Meer. Das Fischerdorf selbst ist eine lebendige Ortschaft, die sowohl Touristen als auch Istanbuler mit ihren Fischtavernen und -restaurants anlockt. Die Fischerei hat in Sarıyer mit seinem dörflichen Flair eine lange Tradition. Je nach Jahreszeit ziehen unterschiedliche Fischarten in Strömen vom Schwarzen Meer Richtung Marmarameer und schaffen ein Paradies für Angler. Genießen kann man den Fang in den Restaurants an der Promenade. Ein weiteres kulinarisches Highlight, auf das man sich in Sarıyer freuen kann, sind die gefüllten Blätterteigtaschen *börek*. Im alteingesessenen Meşhur Sarıyer Börekçisi bekommt man sie gefüllt mit Spinat, Käse, Kartoffeln oder Hackfleisch – für Naschkatzen auch mit Cremefüllung.

Vielfältige Sammlung

Südlich von Sarıyer liegt das kleine Örtchen Büyükdere, dessen Uferstraße von eindrucksvollen hölzernen Villen geschmückt wird. In einer dieser prächtigen Villen aus dem 19. Jahrhundert hat Vehbi Koç, Mitglied einer türkischen Industriellenfamilie, im Jahr 1980 ein Museum in Gedenken an seine Frau Sadberk Koç eröffnet. Der Antiquitäten- und Kunstsammlerin zu Ehren werden in dem sehenswerten, modernen Museum etwa 18 000 Exponate ausgestellt. Die Sammlung umfasst Kunstobjekte, Kleidung und Trachten sowie Gebrauchsgegenstände aus dem 18. und 19. Jahrhundert. Außerdem sieht man edle Keramikobjekte aus den bekannten osmanischen Manufakturen Çanakkale, İznik und Kütahya. Objekte aus Deutschland und Österreich sieht man in den Porzellansammlungen, die vom 18. bis ins 20. Jahrhundert für den osmanischen Markt hergestellt wurden. Jahrhundertealt sind die Ausstellungsstücke aus der prähistorischen, hellenistischen und römischen Epoche.

INFO: www.sariyer.bel.tr

Sarıyer ist ein typischer Bosporus-Vorort, in dem Besucher ins alltägliche Leben eintauchen können (oben). Von dort aus erreicht man zu Fuß das Sadberk-Hanım-Museum (unten und links).

Der Hafen von Kadıköy (oben) dient auch als Hochzeitsszenerie. Antiquitätenladen in der Tellalzade Sokak (Mitte). Auf einem winzigen Karussell in Üsküdar haben Kids Spaß (unten). In den Bosporus-Vororten stehen reizende Ufervillen (rechts).

Asiatische Seite und Prinzeninseln

Üsküdar gilt als eines der konservativen Viertel Istanbuls, erkennbar an den vielen Moscheen wie der Mihrimah Sultan Camii (oben) und der Yeni Valide Camii (rechte Seite unten). In den Teegärten vor dem Mädchenturm trifft man sich zum Plausch (unten).

43 Üsküdar

Ein erster Eindruck von Asien

Einen ersten Eindruck von der asiatischen Seite Istanbuls bekommen die meisten Touristen im traditionsreichen und religiösen Stadtteil Üsküdar. Das attraktive Viertel, das mit zwei historischen Moscheen, hübschen Cafés, einem großen Park und einheimischem Leben aufwartet, war von der Antike an wichtiger Brückenkopf zum Bosporus, der Wasserstraße zwischen Asien und Europa.

Bereits in der Antike war das Gebiet des heutigen Üsküdar, des alten, vom Sohn Agamemnons gegründeten Chrysopolis, ein wichtiger Standort am Bosporus. Die Belagerer Konstantinopels, ob Kreuzfahrer oder Muslime, nutzten die Gegend seit dem 4. Jahrhundert, um dort ihre Lager aufzuschlagen. Gut ein Jahrhundert vor der Eroberung Konstantinopels, im Jahr 1352, hatten die Osmanen Üsküdar bereits eingenommen. Als sie die Stadt 1453 schließlich eroberten, wurde es das am stärksten muslimisch geprägte Gebiet der Stadt und hat sich bis heute diesen frommen Charakter bewahrt. In den Restaurants wird kein Alkohol serviert, und zwischen neuen Wohnblöcken, die die schönen Holzhäuser ersetzt haben, trifft man immer wieder auf Moscheen, historische Brunnenhäuser und Grabtürben.

Der Anleger und seine Moschee

Wer nach Üsküdar fahren will, setzt am besten mit der Fähre von Eminönü, Karaköy, Kabataş oder Beşiktaş über. Schräg gegenüber dem Hafen, an dem Schuhputzer und Streetfood-Verkäufer ihre Dienste bzw. Waren anbieten, erhebt sich auf einer hohen Terrasse die Mihrimah Sultan Camii, die auch Moschee der Anlegestelle (Iskele Camii) genannt wird. Sie ist eines der Meisterwerke des berühmten osmanischen Baumeisters Koca Mimar Sinan. Die Moschee, die die Tochter Süleymans des Prächtigen, Prinzessin Mihrimah, in Auftrag gab, wurde 1548 fertiggestellt. Beim Betreten durch die doppelte Vorhalle fällt auf, dass Sinan die Hauptkuppel mithilfe von nur drei anstatt der sonst üblichen vier Halbkuppeln stützte. Schön ist auch der vor der Treppe zum Vorhof stehende barocke Brunnen Sultan Ahmeds III. von 1726. Dieser war in osmanischer Zeit Sammelstelle der Pilger, die sich auf die Reise nach Mekka machten.

Entspannung in Parks und Cafés

Gleich am Ufer liegt nordöstlich des Anlegers die hübsche kleine Parkanlage Paşa Limanı Parkı, an deren Ende das Gemeinde-Café »Paşalimanı« mit tollem Bosporus-Blick zur Rast einlädt. Auf dem Spielplatz des Parks tummeln sich die Kleinen, auf Decken sitzen die älteren Fa-

milienmitglieder beim traditionellen Picknick. An der rechten Straßenseite erhebt sich an der Paşa Limanı Caddesi der markante Bau der ehemaligen Tabakfabrik Tekel, in dem heute Staatsoper und Ballett ihren Istanbuler Sitz haben. Nördlich davon erstreckt sich am Hang der große Park Fethi Paşa Korusu. Im Frühjahr blühen im idyllischen Mischwald die schönen Judasbäume in prächtigem Violett. Am oberen Ende des Parks eröffnet sich Tag und Nacht vom Restaurant »Dilruba« ein fantastischer Panoramablick auf die europäische Seite Istanbuls.

Noch eine Sinan-Moschee

Ein weiteres Bauwerk von Koca Mimar Sinan ist die Şemsi-Ahmet-Paşa-Moschee westlich des Anlegers. Gleich am Ufer thront der 1580 errichtete Stiftungskomplex aus Moschee, Türbe und Koranschule. Die Moschee, die von dem hohen Würdenträger, Dichter und Philosophen Şemsi Ahmet Paşa gestiftet wurde, ist auf der Meerseite von einer Mauer mit großen Öffnungen umgeben, durch die man einen tollen Blick auf den Topkapı-Palast hat. Als eine der schönsten Moscheen Istanbuls hat sie auch eine Besonderheit zu bieten: Das Gebetshaus und die Türbe sind hier nur durch ein Gitter voneinander getrennt. Wer die Moschee am späten Nachmittag besucht, sollte sich anschließend zum Sonnenuntergang gen Süden aufmachen. Von den Uferterrassen mit Sitzkissen an der Üsküdar Harem Sahil Yolu kann man bei einem Tee den romantischen Blick auf den Mädchenturm genießen – und stundenlang über Gott und die Welt reden.

FANTASTISCHE AUSSICHTEN

Wie riesig und kontrastreich Istanbul wirklich ist, sieht man am besten vom großen Çamlıca-Hügel (Büyük Çamlıca Tepesi) aus, der mit 268 Metern die höchste Erhebung Istanbuls darstellt. Vom Hügel mit dem großen, von Einheimischen gern besuchten Teegarten eröffnet sich ein atemberaubendes Panorama, das sich von den asiatischen Stadtteilen über die Altstadt-Halbinsel bis hin zu den europäischen Stadtteilen sowie den Bosporus-Vororten in Asien und Europa erstreckt. Besonders gern besuchen Romantiker den Hügel bei Sonnenuntergang, wenn die Sonne hinter der Altstadt-Halbinsel untergeht und ihre Silhouette in ein bezauberndes Licht taucht. Der Hügel, auf dem sich Fernsehmasten und der Istanbuler Fernsehturm erheben, soll im Jahr 2015 auch von der neuen Moschee des Ministerpräsidenten Recep Tayyip Erdoğan bekrönt werden. Sie soll die größte Moschee der Stadt werden und sechs jeweils 107,10 Meter hohe Minarette, ein Kunst- und Kulturhaus sowie ein Kongresszentrum umfassen. Außerdem wird sie von der ganzen Stadt aus zu sehen sein.

WEITERE INFORMATIONEN

www.uskudar.bel.tr

44 Mädchenturm

Die Geschichte eines Leuchtturms

Üsküdar vorgelagert und auch von der europäischen Seite aus sichtbar ist der schöne Mädchenturm (Kız Kulesi). Um den viel besuchten Leuchtturm, der auch als Leanderturm bekannt ist, ranken sich märchenhafte Geschichten und Legenden.

Romantisch beleuchtet verführt der Mädchenturm am Abend zum Träumen (oben) und verspricht tolle Sonnenuntergänge, von den gegenüberliegenden Tee-Terrassen aus gesehen (rechts).

Südlich des Zentrums von Üsküdar erreicht man die Anlegestelle Salacak Iskelesi an der Üsküdar Harem Sahıl Yolu, von wo die Boote zum vorgelagerten, nur 180 Meter von der Küste entfernten Eiland mit dem Kız Kulesi (Mädchenturm) übersetzen. Im 5. Jahrhundert v. Chr. ließ der athenische Feldherr Alkibiades nach dem Sieg über die Perser und Spartaner dort eine Zollstation errichten, wo alle vom Schwarzen Meer kommenden Schiffe eine Abgabe bezahlen mussten. Der erste Leuchtturm wurde erst im 12. Jahrhundert vom byzantinischen Kaiser Manuel I. Komnenos gebaut. Der heutige Bau stammt allerdings aus dem 18. Jahrhundert. Er diente im Jahr 1999 als Kulisse für den James-Bond-Film *Die Welt ist nicht genug*, in dem sich Schauspielerin Sophie Marceau alias Elektra King dort versteckte. Zuletzt wurde der Turm Ende 2012 restauriert und dient heute vor allem Touristen tagsüber als Café und abends als Restaurant mit Livemusik.

Mythen und Legenden

Der Leuchtturm wird mit zwei Legenden assoziiert, von denen eine auch für den in Europa bekannten Namen Leanderturm zuständig ist. Die ältere Legende nämlich, die sich mittlerweile als falsch erwies, stammt aus der griechischen Mythologie: Held Leander soll jeden Abend die Meerenge Hellespont durchschwommen haben, um seine Geliebte Hero, eine Priesterin der Göttin Aphrodite, zu besuchen. Als in einer stürmischen Nacht die Fackel, die ihm den Weg wies, erlosch, ertrank er, und Hero stürzte sich am nächsten Morgen ins Meer. Auf eine andere Sage geht die türkische Bezeichnung »Mädchenturm« zurück: Der Tochter eines Sultans war der Tod durch Gift prophezeit worden. Um die Prinzessin zu schützen, schloss sie ihr Vater in den Turm ein. Überlebt hat das Mädchen dennoch nicht: Eine giftige Schlange kam in einem Korb voller Obst, und die Prophezeiung bewahrheitete sich.

INFO: www.kizkulesi.com.tr

45 Şakirin-Moschee

Avantgardistische islamische Baukunst

Eindrucksvoll und zeitgemäß erstrahlt die erste von einer Frau entworfene Moschee der Türkei in vollem Glanz. Das revolutionäre Gotteshaus präsentiert sich mit modernen Formen, Farben und Licht, wird aber dennoch den islamischen Normen gerecht.

Schon immer haben vermögende islamische Familien mit dem Bau einer imposanten Moschee ihr Ansehen in der Gesellschaft bestärkt. Im Jahr 2009 war die großzügige türkisch-arabische Familie Şakir an der Reihe. Sie stiftete aber nicht nur einfach einen eindrucksvollen Bau, sondern einen, der als Vorreiter in die Geschichte eingehen wird. Entworfen wurde das Innendesign von der Designerin Zeynep Fadıllıoğlu, eine namhafte Innenarchitektin von edlen Hotels, Bars und Restaurants in Istanbul. Sie brach in der Şakirin-Moschee mit Traditionen und Konventionen, auch wenn Imame zuvor die Entwürfe geprüft und nichts daran auszusetzen hatten. Islamwissenschaftler halfen der Architektin dabei, trotz der bahnbrechenden Änderungen den islamischen Normen gerecht zu werden.

Neue Materialien, traditioneller Schmuck

Die imposante Şakirin Camii schmückt das Viertel Üsküdar an einem der größten Friedhöfe der Stadt mit viel Farbe und Licht. Sie fasziniert mit Lichtdesign, das die Minarette, die schuppenartig gemusterte Kuppel und den Reinigungsbrunnen in Form einer hochglanzpolierten, das Universum symbolisierenden Kugel am Abend erhellt. Die üblichen massiven Steinwände wurden durch eine Glasfassade ersetzt und im unteren Teil mit goldener Tezhib-Ornamentik aus dem Koran geschmückt. Anders als sonst aus Holz oder Marmor bestehen die Predigerkanzel in Form einer geschwungenen Treppe mit eingeschnittenem Blättermotiv und die torartige Gebetsnische aus türkisfarbenem und goldenem Acryl. Eindrucksvoll sind außerdem die drei ineinanderfließenden Ringe mit Leuchtdioden, Glastropfen, den 99 eingravierten Namen Allahs und der Sure Nur, die unter der Kuppel hängen. Eine weitere Besonderheit ist der Platz zum Beten für die Frauen, denen anstelle einer dunklen Nische eine helle Empore mit schönstem Blick vorbehalten ist.

INFO: www.sakirincamii.net

Modern und hell ist die Inneneinrichtung der einzigartigen Şakirin-Moschee (oben). Avantgardistisch mutet auch der Reinigungsbrunnen im Vorhof an, der nur der Zierde dient (links).

46 Kuzguncuk

Das Istanbul der Künstler und Intellektuellen

Das geschichtsträchtige Kuzguncuk mit dörflichem Flair ist eine beliebte Kulisse lokaler Filmemacher und wird von Naturschutzgebieten, militärischen Anlagen und uralten Friedhöfen umgeben. Der Kern des charmanten, einst multikulturellen Bosporus-Vororts präsentiert sich mit viel Atmosphäre, hübsch restaurierten Holzhäusern, gepflasterten Gassen, Moscheen, Synagogen und Kirchen.

Bei der Uferstraße Kuzguncuk Çarşı Caddesi, wo nicht nur Fußgänger, sondern auch alle, die mit dem Bus oder Taxi anreisen, mit der Erkundung beginnen, öffnet sich das fotogene Kuzguncuk zum Bosporus. Bereits an diesem Straßenabschnitt ist die multikulturelle Vergangenheit der kleinen traditionellen Nachbarschaft, ein Beispiel für das friedliche Zusammenleben der unterschiedlichen Völker in Istanbul, immer noch spürbar. Kuzguncuk war für viele Jahrhunderte die Heimat von Türken, Armeniern, Juden und Griechen. In den blumengeschmückten, malerischen Gassen stehen Kirchen, Synagogen und Moscheen ganz nah beieinander.

Multikulturelle Nachbarschaft

Zahlreiche aus Spanien vertriebene Juden wurden nach ihrer Vertreibung im 15. Jahrhundert im Osmanischen Reich aufgenommen. Sie verteilten sich in Istanbul hauptsächlich in Balat und im ländlichen Kuzguncuk, dessen Gebiet schon seit byzantinischer Zeit besiedelt wurde. Die Armenier zogen im 18. Jahrhundert ins multikulturelle Viertel. Dass zu dieser Zeit nur wenige Muslime in Kuzguncuk lebten, sieht man daran, dass die erste Moschee im Ort erst 1952 errichtet wurde. Vorher nutzten die Gläubigen einen kleinen, 1860 errichteten Betsaal, der schließlich in eine Moschee verwandelt wurde. Die Üryanizade Camii erhebt sich am Nordende von Kuzguncuk kurz vor der Bosporus-Brücke am Ufer. Mit dem Exodus der Juden nach Israel, erhöhten Vermögenssteuern und Unruhen in Istanbul Mitte des 20. Jahrhunderts wanderten auch viele Griechen und Armenier aus. Im Laufe der Jahre ließen sich dann Einwanderer aus Anatolien und aus den Schwarzmeer-Regionen in Kuzguncuk nieder.

Inzwischen haben Künstler und Intellektuelle viele der alten Holzhäuser liebevoll restauriert und wohnen nun selbst darin. Sie ließen das verträumte Örtchen in frischem Glanz erstrahlen. Auch wenn heute nur noch wenige Minderheiten in Kuzguncuk leben, wird der Ort vom starken Zusammenhalt zwischen den Bewohnern, den Traditionen und Werten der unterschiedlichen Kulturen und dem multikulturellen Charme geprägt.

Wer unter Einheimischen zum gemütlichen Mittagessen einkehren möchte, ist in Kuzguncuk genau richtig (oben). Ausblick auf das Intellektuellen- und Künstlerviertel vom Bosporus aus (rechte Seite unten).

Vielseitiges religiöses Erbe

Am Wochenende, wenn nicht nur die Moscheen, sondern auch die ansonsten nur unregelmäßig geöffneten Kirchen und meist geschlossenen Synagogen von Gläubigen aus ganz Istanbul aufgesucht werden, ist der Bummel durch Kuzguncuk besonders faszinierend. Die mit Platanen, Walnussbäumen, Kiefern und Feigenbäumen gesäumten Straßen und die Cafés füllen sich mit Leben, und die Gotteshäuser können besichtigt werden.
Nah am Anleger erheben sich an der Kuzguncuk Çarşı Caddesi Seite an Seite die Kuzguncuk-Moschee und die armenische Kirche Surp Krikor Lusavoriç. Gleich neben dem Minarett der 1952 im Vorhof der Kirche errichteten Moschee thront auf der Kuppel der armenischen Kirche, die dem heiligen Gregor geweiht ist, ein Kreuz. Gleich um die Ecke führt die Icadiye Caddesi, die Hauptstraße des Ortes, landeinwärts vorbei an der 1878 erbauten Bet-Yaakov-Synagoge, die hübsch mit Ansichten des Heiligen Landes ausgemalt ist. Außerdem wird in der Synagoge eine kostbare Thora-Rolle aus Gazellenleder aufbewahrt. An Feiertagen und zum Hauptgottesdienst des Sabbats am Samstagmorgen besuchen jüdische Gläubige nicht nur aus Istanbul, sondern auch aus dem Ausland das Gotteshaus. Passiert man die unauffällige griechisch-orthodoxe Kirche Agios Georgios und einige gemütlichen Cafés, trifft man rechter Hand auf die große Kirche Agios Panteleimon von 1821. Die an der Stelle eines alten Gotteshauses aus dem 6. Jahrhundert erbaute Kirche wird von einem überkuppelten Glockenturm geprägt, der 1911 hinzugefügt wurde und den Zugang zum Innenhof bildet.

OSMANISCHE KÜCHE MIT TOLLER AUSSICHT

Am oberen Ende des Fethi-Paşa-Parks, der sich zwischen Üsküdar und Kuzguncuk erstreckt, befindet sich das rund um die Uhr geöffnete Restaurant-Café »Dilruba«, das einen fantastischen Panoramablick bietet und leckere osmanische Gerichte serviert. Seit über 16 Jahren wird in dem großen, familiär betriebenen Restaurant nach alten Rezepten und Traditionen gekocht. Die süßsauren Nuancen, die die osmanischen Gerichte ausmachen, entstehen u. a. durch die Verwendung von Obst wie Aprikosen und Pflaumen. Gekocht wird traditionell in großen Kupfertöpfen, in denen die Gerichte stundenlang garen können. Besonders lange dauert die Zubereitung der köstlichen Fleischgerichte wie etwa das Lamm Osmanişname mit dem stark gewürzten *pastırma* oder das Lamm Kuzu Tander, das vier bis fünf Stunden im Ofen gegart wird, bis es zart ist. Für Naschkatzen ist das osmanische Getränk *Osmanli Şrubu* zu empfehlen, das schon die Sultane zur Stärkung am Morgen getrunken haben und das aus 33 Zutaten, u. a. Ingwer, Pflaumen, Zimt, Äpfeln, hergestellt wird.

WEITERE INFORMATIONEN

Dilruba: www.dilruba.com.tr

Hinter der reich verzierten Fassade des Beylerbeyi-Palastes (oben) verbergen sich prachtvolle Räume. Schon der Eingangsbereich beeindruckt den Besucher (rechte Seite unten). Im kleinen Hafen des gleichnamigen Örtchens schaukeln bunte Fischerboote (unten).

47 Beylerbeyi

Eine Sommerresidenz für die Sultane

An Geschichte Interessierte zieht es auf der asiatischen Seite Istanbuls nicht nur in die gemütlichen Ortschaften am Bosporus, sondern insbesondere zu einem prachtvollen Palast der Sultane. Der Beylerbeyi-Palast thront nahe der gleichnamigen Ortschaft am Fuß der ersten Bosporusbrücke. Der Palast betört mit prunkvoller Ausstattung, der Ort mit charmantem Flair.

Sowohl der Sultanspalast, den der Architekt Sarkis Balyan (ein Mitglied der bekannten Palastarchitekten-Familie) im Auftrag von Sultan Abdülaziz zwischen 1861 und 1865 erbaute, als auch der nach dem Palast benannte gemütliche Bosporusvorort befinden sich nördlich der ersten Bosporusbrücke. Das nördlich vom Palast gelegene Örtchen Beylerbeyi lohnt vor oder nach der Palastbesichtigung einen Besuch. Der lebhafte Ort bietet gemütliche Teegärten und Restaurants rund um den malerischen Anleger, romantische Sonnenuntergänge und vor Anker liegende, vor sich hin schaukelnde Fischerboote, deren Besitzer die Restaurants mit frischen Fängen beliefern.

Eine Parkanlage für den Sommer

Das Areal des Beylerbeyi-Palasts war nicht erst mit der Erbauung des Schlosses für die Herrscher Konstantinopels von Interesse. Bereits in byzantinischer Zeit nutzten die Kaiser mit ihren Familien den terrassenartig angelegten Garten für sommerliche Ausflüge. Konstantin der Große platzierte auf dem Gelände nach seinem Übertritt zum Christentum ein riesiges Kreuz, das heute nicht mehr erhalten ist. Die osmanischen Herrscher ließen ab dem 16. Jahrhundert schließlich hölzerne Pavillons erbauen. Sowohl die byzantinischen Kaiser als auch die osmanischen Sultane schätzten die Gegend vor allem wegen der fantastischen Lage am Bosporus und der frischen Brise, die dort heiße Sommertage erträglicher machte. Der im 19. Jahrhundert erbaute Beylerbeyi-Palast diente auch ausländischen Staatsgästen als Domizil. Hier nächtigten schon der deutsche Kaiser Wilhelm II. (1859–1941), Kaiser Franz-Joseph von Österreich (1830–1916) und Eugénie de Montijo (1826–1920), die Gemahlin Napoleons.

Eindrucksvolle Palastarchitektur

Der Beylerbeyi-Palast im Stil des osmanischen Neobarock besteht aus zwei Etagen mit sechs prunkvollen Sälen und 24 ebenso opulent eingerichteten Räumen. Die wertvolle Ausstattung stammt zum Teil aus Europa. Man sieht osmanische Teppiche, französische Kristalllüster und Uhren sowie japanische und chinesische Vasen. Die Böden wurden teilweise nicht

mit Parkett, sondern mit ägyptischen Strohmatten isoliert. Eine Küche und ein Heizungssystem hatte der Palast nicht. Der Sultan und seine Gäste wurden aus dem Dolmabahçe-Palast mit Essen beliefert. Die zunächst nur mit Kerzen und Gas beleuchtete Sommerresidenz wurde erst im Jahr 1912 elektrifiziert.

Im Inneren der Sommerresidenz

Die im 19. Jahrhundert übliche Kombination orientalischer und westlicher Stile wird im Beylerbeyi-Palast hervorragend präsentiert. Für die Inneneinrichtung war der aus Armenien stammende Maler Mıgırdiç Civanyan zuständig. Er schaffte mithilfe der osmanischen Traditionen und neoklassizistischen, westlichen Elementen eine perfekte Stilmischung. Angelehnt an ein auffälliges marmornes Wasserbecken mit einem Brunnen bekam der eindrucksvolle Havuzlu-Salon (Pool-Saal) seinen merkwürdigen Namen. Brunnen und andere Wasserspiele dienten in wohlhabenden osmanischen Domizilen nicht nur der Zierde, sondern wurden hauptsächlich wegen des angenehmen Geräusches und des Abkühlungseffekts in Räumen installiert. Über dem Pool-Saal liegt der glanzvollste Salon des Palastes: der Blaue Saal (Mavi-Salon), der nach acht glänzenden, blau bemalten Stuckmarmorsäulen benannt ist und darüber hinaus üppig mit Blattgold verziert ist. Hier fanden pompöse Feste und Empfänge statt.

DES SULTANS GARTEN

Jeder, der die Nase voll hat von Palastbesuchen, kann in Beylerbeyi auch einfach mal im herrlichen Palastgarten am Bosporus verweilen. Am Eingang kauft man sich dann nur eine Eintrittskarte für die hübsche Grünanlage. Kieswege führen dort zwischen grünen Wiesen mit ihren Skulpturen, Blumenbeeten und kleinen Teichen entlang. Ein Stopp für ein Foto-Shooting lohnt an den prunkvollen, reich verzierten Seetoren, vor dem Palast oder bei den zwei Pagodenpavillons am Bosporus. Umgeben von Magnolien, unter dem Blätterdach von wilden Kastanien, Pinien und einer großen Eiche kann man es sich gemütlich machen. Das Palast-Café mit Blick auf den Palast, die Bosporus-Brücke und den Bosporus ist besonders bei Einheimischen mit ihren Familien beliebt. Anwohner aus den nahe gelegenen Ortschaften kommen am Wochenende hierher zum Kaffee oder *çay*, zum Frühstück oder zum Mittagessen.

WEITERE INFORMATIONEN

www.millisaraylar.gov.tr

Kein Gedränge: Der Beylerbeyi-Palast ist aufgrund seiner Lage am asiatischen Bosporusufer einer der am wenigsten besuchten Paläste der Stadt.

48 Von Kandilli nach Anadolu Hisarı

Idyllische Fischerorte in Asien

Die Ortschaften am nördlichen Teil des asiatischen Bosporusufers locken nicht nur mit grünen Wäldern im hügeligen Hinterland, sondern auch mit Ruhe abseits vom Chaos der Metropole. Sehenswert sind ein Sommerschlösschen in Küçüksu und die osmanische Burg Anadolu Hisarı. In Kandilli bekommen Seafood-Fans in den Restaurants fangfrische Fische aufgetischt.

In Kanlıca laden improvisierte Badestellen im Sommer zu einem Sprung in den Bosporus ein (oben). Das Barockschlösschen in Küçüksu ist einfach märchenhaft (unten). Hübsch restauriert sind die hölzernen Ufervillen in Anadolu Hisarı (rechte Seite unten).

Die Vororte am nördlichen Bosporusufer der asiatischen Seite erreicht man am schönsten per Fähre oder Bootstaxi – dabei hat man auch noch einen schönen Ausblick auf die prächtigen Bosporus-Villen, die sogenannten *yalı*. Gleich gegenüber der hübschen Bucht von Bebek auf der europäischen Seite liegt auf einem Landvorsprung Asiens der beliebte Ort Kandilli, der wegen seiner namhaften Fischtavernen und -restaurants gleich am Bosporus äußerst gern besucht wird. Kulinarische Gaumenfreuden gibt es auch ein Stückchen landeinwärts in einem alten Palast südlich des Anlegers. Schon seit 1927 werden im eleganten Restaurant »Borsa« im Adile-Sultan-Palast, der auf einem Hügel thront, leckere türkische Gerichte serviert. Eine große Terrasse bietet fantastische Aussichten auf den südlichen Teil der Meerenge und auf die hübschen Bosporus-Vororte auf der europäischen Seite. Das Restaurant, das vom örtlichen Kulturverein betrieben wird, wurde in der zweiten Hälfte des 19. Jahrhunderts eröffnet. Sultan Mahmud II. schenkte den Palast seiner Tochter Adile Sultan.

Ein märchenhaftes Schlösschen

Rund einen Kilometer nördlich von Kandilli können sich Palast-Fans auf ein weiteres prunkvolles Schlösschen aus dem Jahr 1857 freuen. Der kleine Palast Küçüksu Kasrı (Palast des Kleinen Wassers) erhebt sich malerisch am Delta zwischen dem gleichnamigen Flüsschen und dem Bosporus. Das zunächst recht schlichte Bauwerk von Sultan Abdülmecid I. wurde als Jagddomizil erbaut und ersetzte ein 1752 errichtetes Holzbauwerk. Abdülmecids jüngerer Bruder Sultan Abdülaziz ließ die auffälligen verschnörkelten Ornamente an den Fassaden erst während seiner Regierungszeit ergänzen.
Da das Schloss bis zur Gründung der Republik Türkei im Jahr 1923 nur für Tagesausflüge genutzt wurde, bekam es erst im 20. Jahrhundert Schlafzimmer. Auch der Republikgründer Kemal Atatürk soll dort schon genächtigt haben. Das 1996 zum Museum umgewandelte barocke Schlösschen umfasst auf zwei Etagen acht Räume und zwei Säle, die mit italienischem Marmor, Blattgold, kostbaren Teppichen und Stoffen aus der kaiserlichen Weberei und Knüpferei Hereke,

prächtigen Kaminen und funkelnden Kristallleuchtern ausgestattet sind.

Wichtige Burg am Bosporus

Etwa einen halben Kilometer weiter nördlich mündet ein weiterer Fluss in den Bosporus, der auf dieser Höhe mit einer Breite von 660 Metern am schmalsten ist. Der Göksu trennt die beiden Ortschaften Küçüksu und Anadolu Hisarı, benannt nach der dort thronenden Burg, voneinander. Am kleinen Hafen des Flüsschens laden gemütliche Cafés zum Verweilen ein. Hier gesellen sich Touristen unter die Einheimischen. Unternehmungslustige mieten sich in einem der Cafés, wie etwa im Café-Restaurant »Göksu Park«, ein Boot und fahren ein wenig den Fluss hinauf.

Die nicht zugänglichen Überreste der Burg Anadolu Hisarı (Anatolische Festung), des ältesten osmanischen Bauwerks Istanbuls, gehörten einst zu einer etwa 7000 Quadratmeter großen Festungsanlage. Errichtet wurde das asiatische Gegenstück der Festung Rumeli Hisarı auf der europäischen Seite von Sultan Beyazıt I. im Jahr 1394 und damit etwa 60 Jahre vor ihrer Zwillingsburg. Drei mit türkischen Flaggen geschmückte Türme, von denen der höchste, quadratische Turm 25 Meter hoch ist und die Holzhäuser der Ortschaft überragt, zeugen noch von der Burg, die gemeinsam mit ihrem Gegenstück, der Burg Rumeli Hisarı auf der europäischen Seite, für die Sicherheit des Schiffsverkehrs im Bosporus sorgte.

DER BESTE JOGHURT DER STADT

Wer sich für Milchprodukte begeistern kann, sollte unbedingt das charmante Dörfchen Kanlıca nördlich der zweiten Bosporus-Brücke besuchen. Kanlıca, insbesondere die jahrhundertealte Molkerei »Kanlıca Doğa Yoğurdu« ist die Top-Adresse für Istanbuler Joghurt. Angeboten wird das lokale Produkt übrigens auch nur hier. Mit Blick auf die auf dem Bosporus vorbeiziehenden Fähren, Tanker, Fischerboote und Jachten kann man den leckeren Joghurt am schönsten genießen. Die sogenannten Yoğurdu-Cafés (Joghurt-Cafés) am Ufer sind von vielen Trauerweiden umgeben und locken viele Istanbuler Familien an. Der stichfeste Naturjoghurt aus fermentierter Kuh- und Schafsmilch mit riesigem Fettgehalt war auch schon bei den osmanischen Sultanen sehr begehrt. Traditionell wird der Joghurt mit Puderzucker bestreut. Man kann ihn aber auch natur, mit Honig, Marmelade oder Obst genießen.

WEITERE INFORMATIONEN

Adile-Sultan-Palast: www.adilesultan.org
Kanlıca Doğa Yoğurdu: www.kanlicayogurdu.com.tr
Küçüksu Kasrı: www.millisaraylar.gov.tr

Unzählige türkische Fahnen auf einer Demonstration am Tag des Friedens am Hafen von Kadıköy (oben). Frischer Fisch füllt den Einkaufskorb der Einheimischen auf dem Wochenmarkt (unten). Monumentaler Bau: der Haydarpaşa-Bahnhof (rechte Seite unten).

49 Kadıköy

Quicklebendiges Viertel am Marmarameer

Der weitläufige Stadtteil Kadıköy befindet sich an der Küste des Marmarameers und ist äußerst modern und weltoffen. Beim Bummel durchs Zentrum kommt man zu einem farbenfrohen Markt, hübschen Cafés und Restaurants sowie vielen Läden. An der Promenade der Nachbarschaft Moda und auf der langen Bağdat Caddesi kann man ausgiebig flanieren.

Das modernste und beliebteste Ausgeh-, Wohn- und Shoppingviertel auf der asiatischen Seite ist das sich südlich von Üsküdar am Marmarameer entfaltende Kadıköy. Schon vor über 3000 Jahren wurde das Gebiet von phönizischen Seefahrern und Händlern bewohnt. Mitte des 7. Jahrhunderts siedelten sich in der Bucht von Moda die Megarer aus Attika an und gründeten das antike Chalkedon, das sich zu einer blühenden Hafenstadt entwickelte.

Im Jahr 451 fand in Chalkedon das Vierte Ökumenische Konzil der Alten Kirche statt. In der alten Euphemia-Kirche versammelten sich rund 500 Kleriker, um ein wichtiges Thema zu diskutieren: die Definition Christi als wahren Gott und wahren Menschen zugleich, also die Zweinaturenlehre Christi. Während die römisch-katholische und die griechisch-orthodoxe Kirche die Beschlüsse akzeptierten, lehnten die Geistlichen der Ostkirchen diese ab.

Ein Streifzug durch Kadıköy

Ein Bummel durch den Ortskern lohnt heute insbesondere durch die lebhaften Fußgängerzonen sowie durch die beliebten Einkaufsstraßen Mühürdar Caddesi und der östlich von ihr liegenden Bahariye Caddesi. Die Straßen werden nicht nur von Geschäften, sondern auch von guten Restaurants, gemütlichen Cafés und netten Kneipen gesäumt. An der Mühürdar Caddesi kann man außerdem die 1832 erbaute griechisch-orthodoxe Kirche Agia Euphemia sowie die 1720 gegründete armenische Kirche Surp Takavor besuchen. An der Bahariye Caddesi sieht man die Süreyya-Oper und die Überreste eines Hamams aus dem 19. Jahrhundert. Außerdem kann man von dort mit der nostalgischen Tram zu einer Rundfahrt nach Moda und zurück starten. Interessant und bunt sind die Marktstände und die Feinkostgeschäfte rund um die Güneşlibahçe Sokak, wo man regionale Köstlichkeiten wie Käse, Obst und Gemüse, frischen Fisch und Fleisch bekommt. Antiquitätenhändler säumen die Gassen rund um die Tellalzade Sokak, einige Maler sitzen in der Nihal Sokak.

Der prächtige Bahnhof Haydarpaşa

Ein riesiger Bau vom Anfang des 20. Jahrhunderts prägt das nördliche Ende von

Kadıköys Hafen. Der Kopfbahnhof Haydarpaşa Garı war einst Startpunkt der von Istanbul nach Konya fahrenden Anatolischen Eisenbahn, die ab dort unter dem Namen »Bagdadbahn« weiter bis Bagdad fuhr. 1908 wurde der von den deutschen Architekten Otto Ritter von Kühlmann und Hellmuth Cuno erbaute Bahnhof im neoklassizistischen Stil eingeweiht. Eine altertümliche Dampflok erinnert vor dem Bahnhof, der im Jahr 2014 stillgelegt werden soll, an die alten Zeiten. Dann wird vermutlich ein Luxushotel oder ein Museum in den alten Gemäuern Platz finden.

Modern und beliebt

Wer mit der nostalgischen Tram unterwegs ist, kann in Moda, der wohlhabenden Wohngegend von Kadıköy, auch einen Spaziergang an der gepflegten Promenade unternehmen. In Moda haben sich im frühen 20. Jahrhundert viele Fremde aus westlichen Ländern niedergelassen. Die religiöse und politische Toleranz Kadıköys und die Weltoffenheit zogen nicht nur Fremde, sondern auch junge Leute an. An der Promenade lohnt auch eine Rast in einem der Cafés oder Restaurants mit Meerblick. Die stylishe Ausgeh- und Shoppingmeile Kadıköys verläuft weiter südlich: Die 14 Kilometer lange Bağdat Caddesi ist das asiatische Pendant zur europäischen İstiklal Caddesi und erstreckt sich zwischen Kadıköy und Maltepe parallel zur Küste. Der wichtigste Abschnitt liegt allerdings zwischen den Nachbarschaften Suadiye and Şaşkınbakkal. Dort finden Lifestyle- und Shopping-Freaks Modehäuser internationaler Designer, edle Boutiquen sowie moderne Cafés, Bars und Restaurants.

LECKERES MITTAGESSEN

Viele einfache, kleine Arbeiterlokale sorgen in der Mittagszeit in ganz Istanbul für gute Mahlzeiten. Eines der besten Lokale der Stadt für ein perfektes Mittagessen findet man im Herzen von Kadıköy: »Çiya«. Kein Wunder, dass sich in der Mittagspause lange Schlangen vor dem bodenständigen und dennoch modernen Restaurant bilden. Es verspricht zu hervorragenden Preisen täglich wechselnde Vorspeisen und Hauptspeisen aus der türkischen Küche, die vorzüglich mit orientalischen Gewürzen abgeschmeckt werden. Schon lange ist das »Çiya« nicht nur bei Einheimischen, sondern auch bei Touristen bekannt und beliebt. Wer so viel wie möglich probieren möchte, bedient sich selbst am Buffet, in dem eine umfassende Auswahl traditioneller und kreativ abgewandelter *meze* ausliegt. Abgerechnet wird nach Gewicht. In der Vitrine gegenüber kann man sich die Hauptgerichte ansehen, die dann zum Tisch gebracht werden. Alkohol wird nicht serviert.

WEITERE INFORMATIONEN

Çiya: www.ciya.com.tr
Kadıköy: www.kadikoy.bel.tr (nur türkisch)

Das ideale Wochenendziel für den Sommer ist die Insel Büyükada mit ihren beliebten Badeplätzen (oben). Die autofreien Straßen der Prinzeninseln auf denen nur Kutschen unterwegs sind (rechts unten), sind perfekt zum Spielen für die Kleinen (rechts oben).

50 Prinzeninseln

Archipel der verbannten Prinzen

Ein Ausflug auf die autofreien Prinzeninseln (Kızıl Adalar) ist eine ideale Möglichkeit bei einem längeren Aufenthalt in Istanbul, Stadt- und Strandurlaub zu kombinieren. Den Archipel besuchen die Istanbuler gern am Wochenende zur Entspannung. Touristen kommen zum Baden, Wandern und Spazierengehen sowie für Radtouren oder zu einer romantischen Droschkenrundfahrt durch die Kiefern- und Pinienwälder.

Tausende Istanbuler machen sich an Sommerwochenenden auf den ein- bis eineinhalbstündigen Weg mit der Fähre zu den herrlichen Prinzeninseln. Genau aus diesem Grund sollten Touristen die Inseln lieber unter der Woche besuchen. Das herrlich idyllische Refugium ist ideal für einen Trip abseits des städtischen Trubels. Etwa 20 000 Menschen wohnen ständig auf fünf der neun Inseln des Archipels: auf Kınalıada, Burgazada, Heybeliada, Büyükada und der kleinen Insel Sedefadası, die größtenteils in privatem Besitz ist. Ständig angefahren werden nur vier Prinzeninseln.

Ein kurzer Geschichtsüberblick

Den Namen erhielt der Archipel daher, dass die Prinzen, die es in den kinderreichen byzantinischen und osmanischen Familien nicht auf den Thron schafften, aber auch Prinzessinnen und Patriarchen auf die Inseln verbannt wurden. Auf Türkisch heißen die Inseln aufgrund des hohen Kupferaufkommens offiziell Kızıl Adalar, »rote Inseln«. Die Istanbuler sagen einfach nur »Inseln« (Adalar). Die Inseln wurden bis ins 19. Jahrhundert, als sie von vermögenden Städtern als Wochenendrefugium entdeckt wurden, hauptsächlich von Mönchen und Fischern bewohnt. Danach bauten Wesire, Diplomaten und Ärzte sowie Franzosen, Juden, Armenier und Griechen viele Sommervillen im Stil des Historismus auf den Prinzeninseln. Die hübschen, farbigen Holzhäuser – kombiniert mit dem Verbot privater Fahrzeuge und Taxis – machen den nostalgischen Charme der Inseln aus.

Büyükada – groß und schön

Die größte Insel des Archipels ist Büyükada (Große Insel) mit 5,4 Quadratkilometern. Büyükada, die man am besten mit dem Fahrrad erkundet, begeistert mit zahlreichen Villen und einem sehenswerten Kloster. Bebaut ist überwiegend der Nordteil der Insel rund um den Anleger, den Süden prägen Pinien- und Kiefernwälder. Dort findet man auch kleine, sandige Buchten und eindrucksvolle Steilküsten. Der Weg führt vom Hafen zum Hauptplatz mit den Kutschen *(fayton)*. In den Gassen drumherum gibt es viele Fahrradvermieter.

061

Auf der Kivilcim Sokak (oben) und am Fähranleger von Büyükada (rechte Seite unten) ist immer viel los. Eisverkäufer sorgen für die Erfrischung (Mitte). Idylle am Fischerhafen von Burgazada (unten) und am »Seminar von Chalki« auf Heybeliada (rechte Seite oben).

Südwestlich geht es entlang der nostalgischen, marode erscheinenden oder hübsch restaurierten Holzvillen, mit Nelken und Mimosen bepflanzten Gärten und schattigen Wäldern den Jesushügel (Isatepe) bergan zum Pass Luna Park Meydanı. Hier lohnt ein Halt, um auf den 203 Meter hohen Yücetepe (Hoher Hügel) mit dem Kloster Agios Georgios (Aya Yorgi Manastiri) zu steigen. Wer den 900 Meter langen, bergan verlaufenden Weg nicht zu Fuß bewältigen möchte, kann ihn auch auf dem Rücken eines Esels erklimmen. Zwischen Pinien und Zypressen thront das gegen Ende des 16. Jahrhunderts gegründete Kloster mit tollem Blick aufs Marmarameer. Die Ende des 19. Jahrhunderts erbaute Klosterkirche präsentiert eine weiß-goldene Ikonostase und eine von Pilgern verehrte und reich geschmückte, silberne Ikone des heiligen Georgios. Hunderte von Pilgern, sowohl Christen als auch Muslime, be-suchen die Klöster natürlich zum Kirchweihfest. Sie alle glauben an die heilenden Kräfte des Heiligen, der vor Krankheiten schützen und in der Not helfen soll. Die Gläubigen, die am Tag des Kirchweihfestes hinaufsteigen, hängen entlang des Weges farbige Papierschnipsel mit ihren Wünschen auf. Den Wunsch bekommen diejenigen erfüllt, die es schaffen, vom Fuß des Hügels bis zum Kloster eine Garnspule abzuwickeln, ohne den Faden zu zerreißen.
Diejenigen, die nicht mit der Kutsche unterwegs sind, können für die Rückfahrt den Weg über den Jesushügel wählen. Auf dem linken Weg geht es nach der ersten Abzweigung rechts zum größten Holzhaus Europas. Das Gebäude, das 1898 von einer französischen Firma gebaut wurde, sollte zum Hotel mit Casino werden. Die Eröffnung wurde von Sultan Abdülhamid II. jedoch verboten, sodass eine vermögende Witwe das Gebäude kaufte und es dem Ökumenischen Patriarchat von Konstantinopel überließ. Zwischen 1903 und 1964 wurde es schließlich als griechisches Waisenhaus genutzt. Bis heute scheint der marode Bau aber gegen die Zeit zu kämpfen.

Heybeliada – die Kupferinsel

Von der zweitgrößten Insel des Archipels berichtete schon in der Antike der griechische Philosoph Aristoteles. Er erwähnte bereits die Kupferminen, denen Heybeliada ihren griechischen Namen Chalki (Kupfer) verdankt. Auffallend ist schon von der Fähre das weitläufige Geländer der 1773 gegründeten Marineakademie, die sich auf der Insel niederließ. Leider ist das Gelände jedoch nur mit Sondergenehmigung zugänglich. Ein anderer weithin sichtbarer Bau ist die im Jahr 1971 geschlossene Theologische Hochschule des Ökumenischen Patriarchats von Konstantinopel, die auf dem

Ümit-Hügel thront. Besonders viele Griechen und Türken besuchen das »Seminar von Chalki«, dessen Wiedereröffnung im Rahmen der Beitrittsverhandlungen in die EU und der damit zusammenhängenden Forderung nach freier Religionsausübung der in der Türkei lebenden Christen seit einigen Jahren wichtiges Thema ist. Rund um den Anleger der Insel kann man in einer der vielen Tavernen einkehren und guten Fisch essen. Ansonsten sind auf der bis heute recht multikulturellen Insel schöne Badebuchten und schöne Landschaftsabschnitte zu entdecken. Im Ort findet man außer Kirchen auch die Ben-Yazkor-Synagoge und die Heybeliada Camii.

Burgazada – einfach nur ausspannen

Wer die Prinzeninseln nur zum Relaxen besucht und keine historischen Gebäude oder andere Sehenswürdigkeiten mehr erkunden will, sollte die Insel Burgazada aufsuchen. Auf der drittgrößten Insel haben sich viele Istanbuler ihre Sommervillen erbaut. Die Insel mit dem 170 Meter hohen Hügel Bayraktepe bietet sich an, um sich mit den kleinen Motorbooten zu den kiesigen Stränden im Süden und Westen fahren zu lassen. Tavernen laden am Fischereihafen zum Verweilen ein. Die schönste Aussicht hat man vom fantastisch gelegenen Restaurant »Kalpanzankaya« im Südwesten der Insel.

Kınalıada – die kleinste Prinzeninsel

Die 1,4 Quadratkilometer große Insel Kınalıada kann man nicht mit Droschken erkunden. Die kleinste der vier Hauptinseln entdeckt man entweder zu Fuß oder per Fahrrad. Hier genießt man die unbebaute Landschaft im Westen oder das Nichtstun im charmanten Ort. Aber auch Sightseeing hat das kleine Kınalıada zu bieten. Im Ort stehen die 1857 gegründete armenisch-gregorianische Kirche Surp Krikor Lusavoriç sowie die im Jahr 1956 erbaute Kınalıada Camii mit ihrer ungewöhnlichen Architektur. Unter der uralten Platane am kleinen Dorfplatz sorgen *meze* und *rakı* in den Tavernen für Genuss in absoluter Idylle.

ERHOLSAM ÜBERNACHTEN

Für alle, die nur eine kurze Auszeit von der Hektik und dem Smog der Metropole brauchen, ist ein Tagesausflug zu den Inseln ideal. Am beliebtesten bei Besuchern ist das große und vielfältige Büyükada. Diejenigen, die sich länger erholen möchten, sollten am besten eine bis drei Nächte auf den Inseln verbringen, denn nur so kann man gemütlich Insel-Hopping machen, mehr als einen Strand besuchen, lange Wanderungen und Fahrradtouren unternehmen und viele Sehenswürdigkeiten entdecken. Das älteste Hotel der Inseln, das »Splendid Palas«, das 1908 auf Büyükada eröffnet wurde, versprüht nostalgischen Charme. Auf dieser Insel findet man aber auch weitere schöne Hotels wie das stilvolle »Ada Palas«, das in einem restaurierten Herrenhaus untergebracht ist, oder das »Ada Sahil« oberhalb des Fischereihafens mit einigen Zimmern mit Meerblick.

WEITERE INFORMATIONEN

Ada Palas: www.adapalas.com.tr
Ada Sahil: www.buyukadasahilotel.com
Prinzeninseln: www.adalarturizm.com
Splendid Palas: www.splendidhotel.net

Um die niedlichen streunenden Katzen kümmert man sich in Istanbul gern (oben). Im Gülhane-Park wird der Tee noch traditionell im *semaver* serviert (Mitte). Richtig bunt wird es im Künstlerviertel Tophane (unten).

Register

Orts- und Sachregister

Personenregister

Auf der Prinzeninsel Büyükada warten Kutscher auf Kundschaft (oben). Ein Foto von der Blauen Moschee darf natürlich nicht fehlen (Mitte). Im Park vor dem Valens-Aquädukt trifft man sich gern zum traditionellen Picknick (unten).

Bei einer Kutschfahrt lassen sich die Prinzeninseln in kürzester Zeit entdecken (oben). Die Souvenirs in Istanbul sind vielfältig und gern bunt (Mitte). In Nişantaşı zeugen die Cafés von der modernen Seite der Stadt (unten).

Impressum

Verantwortlich: Stephanie Iber
Redaktion: Linde Wiesner, München
Layout: graphitecture book & edition, Bernau am Chiemsee
Korrektorat: Anke Höhne, München
Repro: Repro Ludwig, Zell am See
Kartografie: Astrid Fischer-Leitl, München
Herstellung: Bettina Schippel
Gesamtherstellung: Verlagshaus GeraNova Bruckmann

★ ★ ★ ★ ★

Sind Sie mit diesem Titel zufrieden? Dann würden wir uns über Ihre Weiterempfehlung freuen.

Erzählen Sie es im Freundeskreis, berichten Sie Ihrem Buchhändler oder bewerten Sie beim Onlinekauf.

Und wenn Sie Kritik, Korrekturen, Aktualisierungen haben, freuen wir uns über Ihre Nachricht an Bruckmann Verlag, Postfach 40 02 09, D-80702 München oder per E-Mail an lektorat@verlagshaus.de.

Unser komplettes Programm finden Sie unter

www.bruckmann.de

Alle Angaben dieses Werkes wurden von den Autoren sorgfältig recherchiert und auf den neuesten Stand gebracht sowie vom Verlag geprüft. Für die Richtigkeit der Angaben kann jedoch keine Haftung übernommen werden.

Die Autoren

Franz Marc Frei (Foto), geboren 1963 in Otterfing bei München, bereist seit mehr als 25 Jahren die Welt. In seiner Fotografie steht der Mensch und seine Umwelt im Mittelpunkt. Durch sein gekonntes Spiel mit Licht und unterschiedlichsten Kompositionen schafft er es immer wieder, seinen Fotografien Lebendigkeit zu verleihen und mithilfe der Kamera seine Sicht auf die Welt auszudrücken.

Klio Verigou (Text) machte nach dem Studium ihre Leidenschaft zum Beruf und arbeitet als freie Reisejournalistin. Der Kontrast zwischen dem altertümlichen Istanbul und der pulsierenden Metropole der Moderne fasziniert sie seit dem Tag, als sie zum ersten Mal in die spannende Welt am Bosporus eintauchte.

Bildnachweis

Alle Bilder des Innenteils und des Umschlags stammen von Franz Marc Frei, München, außer: Mauritius images, Mittenwald: S. 84 o.l., 148 (Hackenberg, R.), 160 u. (Lippert, H.); Picture Alliance, Frankfurt a.M.: S. 84 o.r. (Hackenberg, R.)

Umschlag

Vorderseite:
Oben: Die Fatih-Brücke über den Bosporus (Bildagentur LOOK, München/agefotostock) – Mitte: Die weltberühmte Hagia Sophia zur Blauen Stunde (Bildagentur Huber, Garmisch-Partenkirchen/Morandi, B.) – Unten: Tanzende Derwische im historischen Bahnhof Sirkeci (GlowImages, München/Schöfmann, K.)

Rückseite:
Links: Der Eingang des Camii-Pavillon im Archäologischen Museum in Sultanahmet – Mitte: Orientalisches Treiben im Ägyptischen Basar in Eminönü – Rechts: Im Vorhof der Moschee in Eyüp
Klappe vorne: Farbenfroh: türkische Süßwaren
Klappe hinten: Junge Leute treffen sich am Bosporus, im Hintergrund der Mädchenturm.
S. 2/3: Die Szene trifft sich in Kadiköy!
S. 5: Die Istanbuler Kioskverkäufer sind für jeden Spaß zu haben.
S. 6/7: In Eminönü werden die Fischbrötchen direkt von den Booten herunter verkauft.
S. 166/167: Wundervolle Aussicht vom St.-Georgs-Kloster auf der Prinzeninsel Büyükada auf das Marmarameer

Die Deutsche Nationalbibliothek verzeichnet diese Publikation in der Deutschen Nationalbibliografie; detaillierte bibliografische Daten sind im Internet über http://dnb.d-nb.de abrufbar.

ISBN 978-3-7654-6180-4

In gleicher Reihe erschienen ...

ISBN 978-3-7654-6180-4

ISBN 978-3-7654-6776-9

ISBN 978-3-7654-6775-2

ISBN 978-3-7654-6777-6

ISBN 978-3-7654-6179-8

ISBN 978-3-7654-8227-4

Highlights Ägypten
978-3-7654-5437-0

Highlights Andalusien
978-3-7654-5599-5

Highlights Australien
978-3-7654-4828-7

Highlights Berlin
978-3-7654-5871-2

Highlights Brasilien
978-3-7654-6121-7

Highlights China
978-3-7654-4830-0

Highlights Deutschland
978-3-7654-6794-3

Highlights Englands Süden
978-3-7654-5597-1

Highlights Frankreich
978-3-7654-5368-7

Highlights Gardasee
978-3-7654-6772-1

Highlights Hamburg
978-3-7654-5831-6

Highlights Irland
978-3-7654-5214-7

Highlights Island
978-3-7654-5592-6

Highlights Israel
978-3-7654-5598-8

Highlights Japan
978-3-7654-6495-9

Highlights Kanada
978-3-7654-4760-0

Highlights Karibik
978-3-7654-4869-0

Highlights Kuba
978-3-7654-5596-4

Highlights London
978-3-7654-5835-4

Highlights Mallorca
978-3-7654-5465-3

Highlights Namibia
978-3-7654-6026-5

Highlights Neuseeland
978-3-7654-4750-1

Highlights New York
978-3-7654-5751-7

Highlights Norwegen
978-3-7654-4827-0

Highlights Oman & Dubai
978-3-7654-6032-6

Highlights Paris
978-3-7654-5753-1

Highlights Peru
978-3-7654-5436-3

Highlights Portugal
978-3-7654-5533-9

Highlights Rom
978-3-7654-5752-4

Highlights Russland
978-3-7654-5600-8

Highlights Schweden
978-3-7654-4973-4

Highlights Schweiz
978-3-7654-5872-9

Highlights Sizilien
978-3-7654-5880-4

Highlights Skandinavien
978-3-7654-6119-4

Highlights Südafrika
978-3-7654-4748-8

Highlights Thailand
978-3-7654-5863-7

Highlights Toskana
978-3-7654-5843-9

Highlights USA
Der Westen
978-3-7654-5758-6

Highlights Vietnam
978-3-7654-5144-7

BRUCKMANN
www.bruckmann.de